Die Dordogne

Von Wolfgang Steinhäuser

Zur Vorbereitung und Durchführung der Fahrt benötigen Sie folgende Karten:
IGN 1:25.000 serie bleue à DM 19,80 (Stand 11/92):
1936 W (Lalinde), 1936 E (le Bugue), 2036 W (Sarlat)
2036 E (Salignac-Eyvigues), 2037 W (Domme)
2136 W (Souillac), 2136 E (Vayrac)
2235 W (Argentat), 2236 W (St.-Céré)
Im Satz ('alle neune') Sonderpreis DM 170,--

Die früher empfohlene Kartenserie 1:50.000 ist vom Herausgeber IGN vom Markt genommen worden und nicht mehr lieferbar.

tour-Verlag GmbH
Gehrenring 37, Tel. 0551/790 65 65
3400 Göttingen

ISBN 3-927 627-19-4
Gestaltung/Redaktion: W. Steinhäuser
Titelfoto: J.L. Nespoulous
Fotos im Text: Steinhäuser, Old Town Canadier, Gatz, Nespoulous, Franz. Fremdenverkehrsamt
Zeichnungen im Sonderteil: Old Town Canadier
Kartenskizzen: Steinhäuser
3. Auflage 1/1993

Die Dordogne

Von Wolfgang Steinhäuser

Inhalt

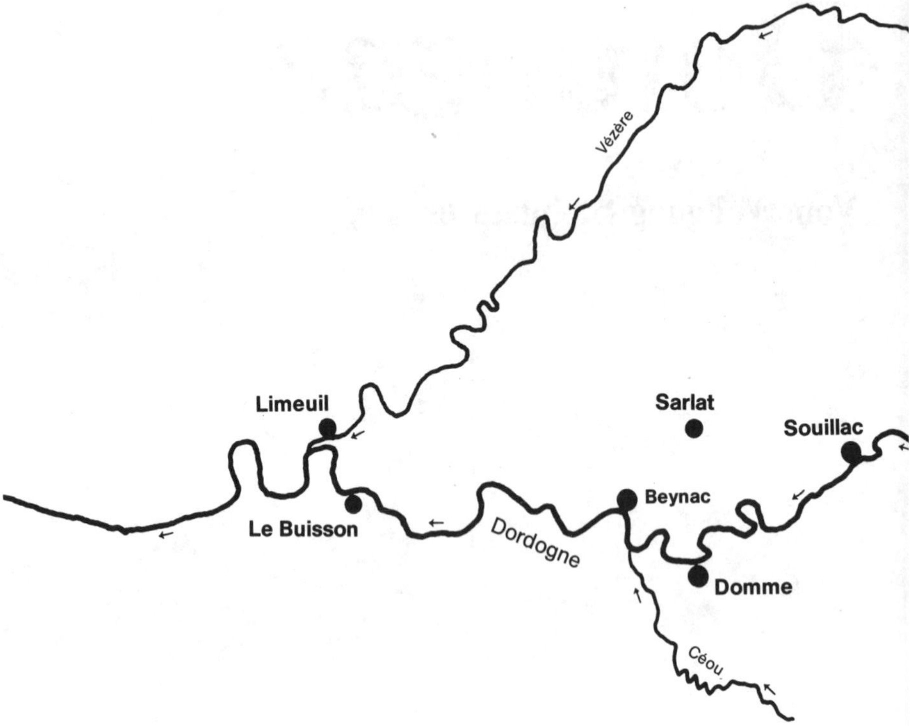

Zu diesem Buch 6

Warum Urlaub auf der Dordogne? 8

Start in Argentat 13

Von Argentat bis Beaulieu (ca. 25 km) 19

Von Beaulieu bis Carrenac (ca. 20 km) 28

Von Carrenac bis Pinsac (ca. 25 km) 33

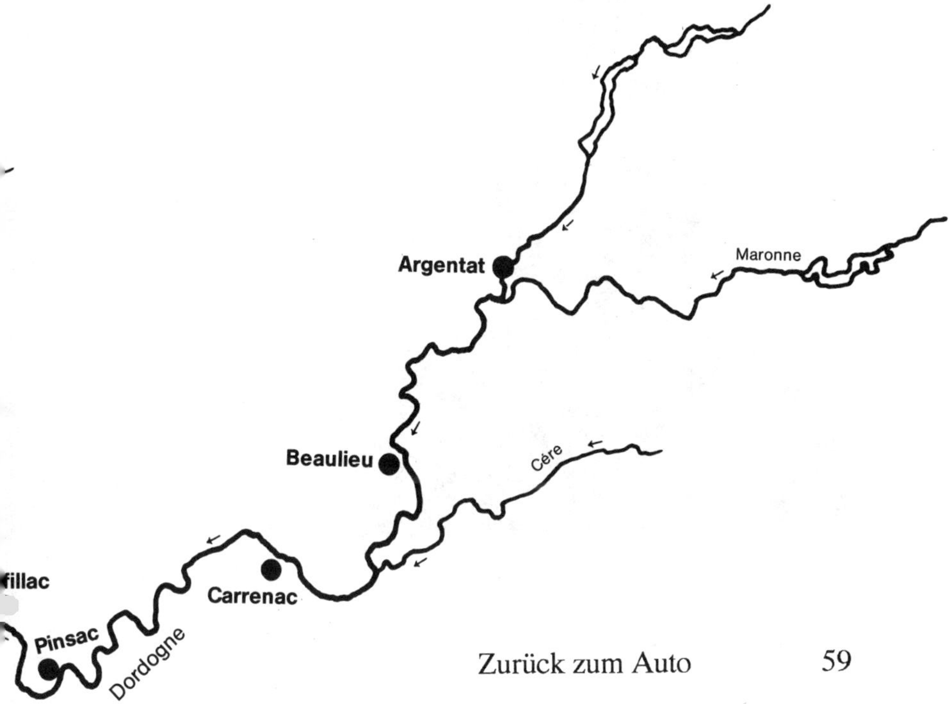

Von Pinsac bis Rouffillac (ca. 22 km) 38

Von Rouffillac bis Domme (ca. 20 km) 47

Von Domme bis Beynac (ca. 15 km) 53

Zurück zum Auto 59

Autotouren an der Dordogne - Rocamadour und Couffre de Padirac 62

Sarlat 67

Ins Tal der Vézére 72

Tips für Kanuwanderer: Der Canadier als Wanderboot 76

Prospekte und sonstige touristische Informationen über die amtlichen Französischen Fremdenverkehrsämter in:
6000 Frankfurt/M. 1, Kaiserstraße 12
4000 Düsseldorf, Berliner Allee 26
2000 Hamburg, c/o Aire France, Alstertor 21

Über den Autor

Wolfgang Steinhäuser, er war es, der die Idee hatte, Kanu-Wanderführer zu schreiben und dadurch die Faszination dieses herrlichen naturverbundenen Sportes einer breiten Leserschaft zugänglich zu machen. Unter seiner Herausgeberschaft erschienen: Der Gardasee, Die Loire, Femundsee und Röa, Dalsland, Lappland I und II, Sognefjord I und II, Die Kanuten und Korsika.
1986 hatte er aus privaten Gründen diese Arbeit aufgeben müssen. Ich freue mich, seine Idee fortführen zu können. Besonders freut es mich, daß das Buch über seinen Lieblingsfluß „Die Dordogne", nun in überarbeiteter, verbesserter Ausführung in neuer Auflage erscheinen wird, weil es so viele Freunde gefunden hat. Seine Gedanken zum Kanuwandern aus dem Vorwort zur ersten Ausgabe bleiben jedoch weiter aktuell und sollen für sich selbst sprechen.

Martin Schulze

Der Kreis derer, die Entspannung, Erholung und sportlichen Ausgleich beim Kanuwandern suchen, wächst ständig, seit auch die nichtorganisierten Paddler auf der Suche nach Naturerlebnissen das Kanufahren entdeckt haben. Für sie und natürlich für alle „alten Hasen" in Vereinen und Verbänden wurde diese Buchreihe geschrieben, die erstmals detaillierte und umfassende Informationen zu den schönsten Kanugewässern Europas gibt. Informationen, deren Beschaffung bisher sehr zeitraubend, schwierig und manchmal auch gar nicht möglich war. Die Kanuwanderführer sind für Paddler geschrieben, die mit offenen Augen ein Gewässer und seine Landschaft mit ihren Menschen und Kulturleistungen erleben wollen. Deshalb enthalten die Bücher nicht nur genaue Gewässerbeschreibungen mit Befahrungshinweisen, sondern sind gleichzeitig Reiseführer zu den Plätzen, die dem Kanuten durch Wanderungen und andere kurze Ausflüge erreichbar sind.
Ich selbst paddle seit zwanzig Jahren und habe mich für das Kanuwandern entschieden, weil ich es als einen Ausgleich für die beruflichen und gesellschaftlichen Leistungsforderungen empfinde und als eine Möglichkeit, Natur hautnah zu erleben, ohne die Natur selbst allzusehr zu stören.
Die Faszination dieses Freizeitsports hat mich nie wieder losgelassen und letztlich dazu geführt, diese Buchreihe herauszugeben, in der erfahrene und begeisterte Kanuwanderer ihre Kenntnisse weitergeben. Wenn Sie, lieber Leser, nicht schon Kanuwanderer sind, wünsche ich Ihnen, daß der Funke unserer Begeisterung überspringt und sie hinauslockt aufs Wasser, in die Freiheit von Sonne, Wind und Regen. Ganz sicher ist die Dordogne ein Fluß, der jeden Kanuwanderer begeistern wird, mag er noch gar keinen oder schon 1000 Flußkilometer erlebt haben. Es gibt nur noch wenige Flüsse in Europa, die, obwohl sie durch eine uralte Kulturlandschaft fließen, ein so unmittelbares Naturerlebnis bieten wie die Dordogne. Sie hat noch das, was wir beim Kanuwandern suchen: klares Wasser, natürliche Ufer, ein unreguliertes Flußbett und viele, viele Inseln, auf denen man sich ungestört wie Robinson fühlen kann. Sie ist, und bleibt es hoffentlich noch lange, ein idealer Urlaubsfluß.

Wolfgang Steinhäuser

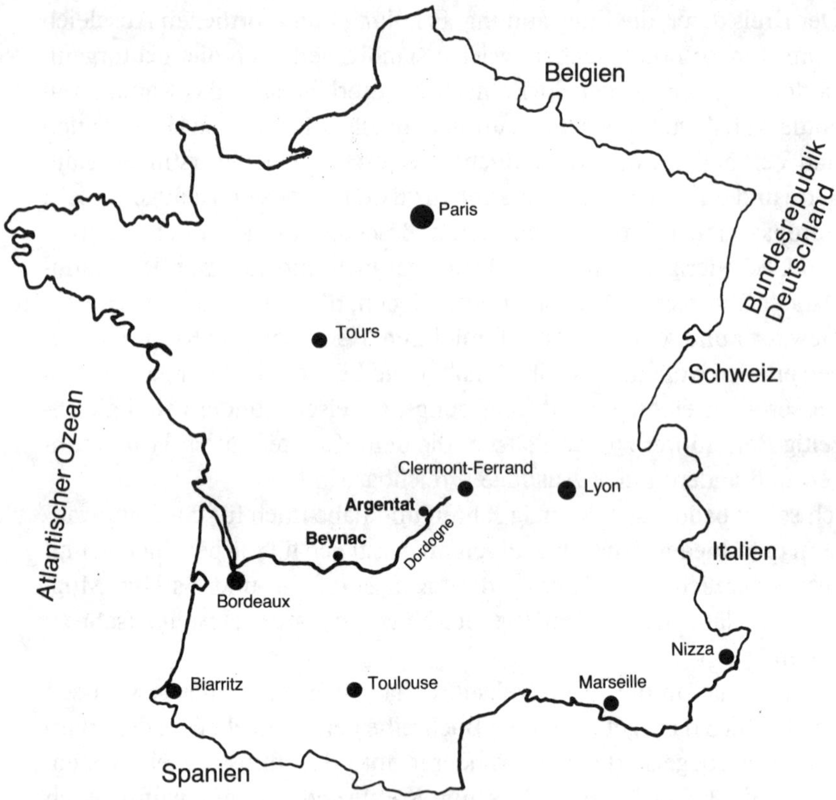

Warum Urlaub auf der Dordogne?

„Dordogne la douce", die schöne, die liebliche, sanfte Dordogne. Diesen Kosenamen fanden wir für unseren „Lieblingsfluß" schon am zweiten Tag unserer Flußfahrt, und je länger die Fahrt dauerte, desto mehr schlich sie sich in unsere Herzen, die Schöne, Liebliche.

Dabei wirkt sie, wenn man ihr zum ersten Mal bei *Argentat* begegnet, dort wo sie die Berge verläßt und zum befahrbaren Fluß wird, gar nicht lieblich und mild. Bei gutem Wasserstand strömt sie schnell und hüpft, springt und rauscht sehr lebhaft über Kiesbänke und Felsschwellen. Was uns den Namen „la douce“ finden ließ, war wohl der Gesamteindruck, den dieser Fluß und seine Landschaft erzeugen. Das Zusammenspiel von Wasser, Erde, Luft und Sonne ist so harmonisch und beruhigend, daß man selbst zu Ruhe und innerem Frieden zurückfinden kann.

Wer die Schöne vom wilden Anfang bis zum bitteren Ende befahren möchte, kann es auf 470 Flußkilometer bringen. Der wilde Anfang liegt im Zentralmassiv, wo am *Puy du Sancy* die *Dore* und *Dogne* zusammentreffen und als schweres Wildwasser (III–IV) weiterrauschen. Das bittere Ende ist die Vereinigung von *Dordogne* und *Garonne* und ihre Einmündung in die *Gironde*. Bitter ist das Ende deshalb, weil dort von der Schönheit der Dordogne kaum noch etwas übrig ist. Kanalisiert, mehrfach gestaut, die Ufer befestigt, das Wasser verdreckt, als Schiffahrtsstraße mißbraucht, hat die Schöne ihr Gesicht verloren.

Dieses Gesicht einer wunderbaren, erholsamen Flußlandschaft aber ist es, was wir suchen, worauf wir uns ein ganzen Jahr freuen können. Es ist die Dordogne von *Argentat* bis zur Einmündung der *Vézère* bei *Limeuil*. Das sind 150 Flußkilometer, für die man sich mindestens 14 Tage Zeit nehmen sollte. Zeit zum Faulenzen und Genießen, aber auch Zeit für kleine Abstecher und Wanderungen, die vom Fluß wegführen. Nicht ein einziger Tag wird langweilig sein, denn die Landschaft ändert sich oft und hält einige Höhepunkte und Leckerbissen bereit, und an den Ufern der Schönen gibt es so viel zu sehen, zu besichtigen und zu erkunden, daß man die vielen Eindrücke in so kurzer Zeit kaum verarbeiten kann.

Wir empfehlen deshalb für einen vierwöchigen Urlaub diesen Zeitplan: 1 Woche Hin- und Rückfahrt, 2 Wochen Flußwanderung und 1 Woche Touren und Ausflüge entlang der Dordogne. Im letzten Kapitel dieses Buches finden Sie Vorschläge für solche Ausflüge und Beschreibungen der schönsten Ziele.

Die beste Zeit für die Flußwanderung ist im Juni, wenn die Ferienzeit noch nicht begonnen hat, denn danach ist es vorbei mit Ruhe und Beschaulichkeit. Im Sommer wimmelt es nur so von Leih- und Badebooten auf der Dordogne. Entlang der Ufer werden seit Jahren fast auf jedem Campingplatz Kanus und Kanadier vermietet. Wen wundert es? Wer es irgendwie schaffen kann, sollte im Juni fahren. Die Campingplätze haben dann gerade erst geöffnet, die Bootsverleiher fangen dann gerade erst an, ihre Boote für die Saison heranzuschaffen, und mit etwas Glück kann das Klima schon sehr warm und trocken sein. – Wir durften im Juni schon drei Wochen sonnenbaden, bevor der erste Regentropfen fiel.

Wer aber nur im Sommer oder Spätsommer Zeit für die Dordogne finden kann, sollte sich mit Geduld und Nächstenliebe wappnen: So laut es tagsüber vielleicht sein mag, so ruhig wird es abends und nachts. Fast überall kann man am Ufer ungestörte, romantische Plätze zum Campen finden, während der übrige Tourismus zurückbrandet in die Hotels und auf organisierte Campingplätze.

Und dann ist er da, der Zauber dieses Flusses. Jetzt kann man dem süßen Schmelz der Nachtigall lauschen, sein Feuerchen auf einer Kiesbank am Fluß anzünden und sich trotz Hochsaison allein mit der Natur fühlen.

Auch Anfänger können sich auf die Dordogne wagen, wenn sie nur ein wenig Bootsbeherrschung geübt haben und sich an kritischen Stellen nicht allzu leichtsinnig verhalten. Ich glaube, daß derjenige, der zum ersten Mal mit seinem neuen Paddelboot eine längere Flußfahrt macht, auf der Dordogne dem Kanuwandern verfallen wird. Dieser Fluß ist geeignet, all das zu vermitteln, was uns zu begeisterten Kanuwanderern macht.

Kritische, vielleicht auch gefährliche Stellen (Wildwasser I–II) gibt es auf der hier beschriebenen Strecke etwa ein Dutzend. Sie sind alle rechtzeitig erkennbar und können alle notfalls durch Treideln überwunden werden. Wir haben sie durchfahren, sind nur einmal richtig naß dabei geworden und freuten uns schließlich sogar auf die Kiesbankschwälle und kleinen Naturwehre, weil es beim Drüberrutschen so schön im „Magen" kribbelte. Das gefährlichste an der Dordogne sind die entwurzelten Bäume, die in den Fluß gefallen sind. Sofern sie in der Hauptströmung liegen, sind sie ein sehr gefährliches Hindernis. Rechtzeitig vorher anlanden und umtragen kann lebeswichtig sein. Es wird jedoch laufend versucht, diese Bäume zu entfernen.
Die früher anzutreffenden Kieswerke am Fluß arbeiten heute nicht mehr. In den durch das Ausbaggern entstandenen Untiefen können Turbulenzen (Wirbel) auftreten.
Achtung! Paddeln Sie auf der Dordogne bitte nur in der Zeit von 9.30 Uhr–19.00 Uhr. Der französische Kanuverband hat mit dem befreundeten Verband der Sportangler dieses Abkommen getroffen. Vor und nach dieser Zeit gehört der Fluß den Anglern. Wer also tagsüber mit seinem Boot die Dordogne befährt, hat nichts zu befürchten. Es ist wohl selbstverständlich, daß wir Kanuten die berechtigten Interessen unserer Sportfreunde, der Angler, respektieren.
Zur Befahrung der Dordogne sind alle Arten von Paddelbooten geeignet. Auch Faltboote schaffen es, wenn ihre Kapitäne ein paar Kratzer auf der Bootshaut hinnehmen. Ein gemütlicher offener Kanadier, wie wir einen fuhren, erwies sich geradezu als optimal, weil man darin auch mal die Beine langmachen kann, um sich in der Sonne zu räkeln, weil man leicht an jedes Gepäckstück herankommt und weil das Ein-und Aussteigen, das Be- und Entladen völlig problemlos ist. Sorgenschwere Gedanken über das Einkaufen, Essen und Trinkwasser sind völlig unnötig, denn an den Ufern gibt es viele kleine Dörfer, Restaurants und Campingplätze. Im Oberlauf ist das Wasser noch so sauber, daß wir es zum Abkochen und Waschen verwendet haben. Durch Micropurtabletten entkeimt oder mit einem Katadynfilter gereinigt, hätten wir es auch trinken können. Man kann also unbeschwert mit der geringsten Ausrüstung reisen, die man für nötig hält. Eigentlich könnte sogar das Badezeug fehlen, weil man in der Vorsaison viele Stellen findet, an denen man ungestört nackt baden und sich sonnen kann.

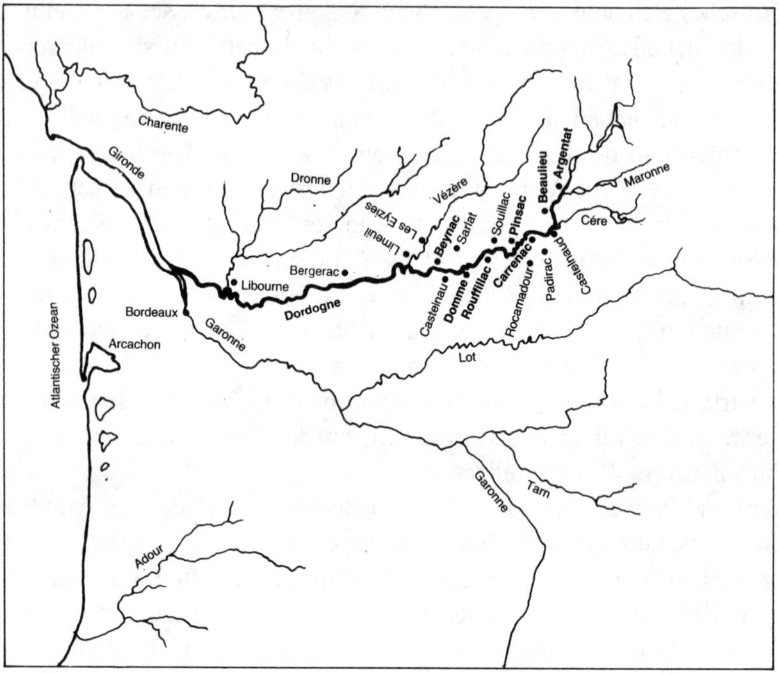

Sein Auto kann man getrost am Startpunkt zurücklassen und erst am Ende der Flußwanderung abholen. Das ist dann allerdings nicht so einfach, weil die Rückfahrt nach Argentat nur teilweise mit Bus oder Bahn möglich ist. Ein gutes Stück muß man trampen, was uns aber großen Spaß machte. Wegen der Liebenswürdigkeit der Franzosen. Und weil wir vor etwa 10 Jahren zum letzten Mal getrampt haben.
Zum Schluß dieses Abschnittes noch ein Tip: Hobbyfotografen müssen sich hüten, nicht schon in den ersten Tagen ihren Filmvorrat zu verbrauchen. Die Gefahr ist jedenfalls groß!

Start in Argentat

Als Startpunkt bietet sich Argentat geradezu an, weil hier der Fluß auch für Wanderfahrer interessant wird und weil es dort Abstellmöglichkeiten für das Auto gibt.
Es ist ein reizvolles, kleines Städtchen beiderseits der Dordogne, mit gemütlichen Gassen und einer sehenswerten Häuserfront am Ufer des Flusses, am *Quai Lestourgie.* Dort befand sich einst der Flußschifferhafen, und die befestigte Kaimauer legt noch heute Zeugnis davon ab. Malerische Häuser aus dem 16. und 17. Jahrhundert säumen den Platz vor dem Fluß. Verziert mit kleinen Wacht- und Zinnentürmchen und schweren Dächern aus großen Sedimentsteinplatten geben sie der sanft vorbeiströmenden Dordogne eine romantische Kulisse. Im Gassengewirr und auf der Hauptstraße findet man sämtliche Geschäfte und auch Selbstbedienungsläden für preiswertes Einkaufen. Jeweils am 1. und 3. Freitag des Monats gibt es einen Markt und Mitte August ein großes regionales Folklore-Festival. Das letzte Juli-Wochenende bietet Kammerkonzerte. Besonders stolz ist der Ort auf seine moderne „piscine chauffée" (beheiztes Schwimmbad) und den direkt danebenliegenden *camping municipale* (städtischer Campingplatz), zu dem noch etwas zu sagen wäre. Zentral gelegen findet man das *office de tourisme d'Argentat* (Touristenbüro), das sich alle Mühe gibt, auch deutschsprachigen Touristen zu helfen. Aber man darf nicht hoffen, dort Flußführer der Dordogne kaufen zu können. Außer einem total veralteten Faltplan des Flußlaufes, der praktisch wertlos und fast immer vergriffen ist, gibt es keine Informationsschriften über den Fluß.
Spätestens jetzt wird es Zeit, sich geeignete topographische Karten zu besorgen. Sie benötigen insgesamt 6 Karten 1:50000 *(Carte Topographique)*, und zwar die Blätter Nr. 2235 Argentat, 2236 St. Céré, 2136 Souillac, 2036 Sarlat, 2037 Gourdon und 1936 Le Bugue. In Argentat werden Sie vielleicht die ersten drei Karten bekommen, was aber auch nicht sehr sicher ist. Sicher ist, daß Sie die Anschlußkarten erst ab etwa *Souillac* kaufen können, aber auch das ist ein Glücksspiel. Besser ist es, sich diese Karten schon vor dem Urlaub zu besorgen. Am problemlosesten ist die Bestellung bei der *Syro-Verlagsbuchhandlung, Gehrenring 37, 3400 Göttingen, Telefon-Nr.: 05 51/7 90 65 65.* Sie liefert Ihnen alle in diesem Buch genannten Karten.

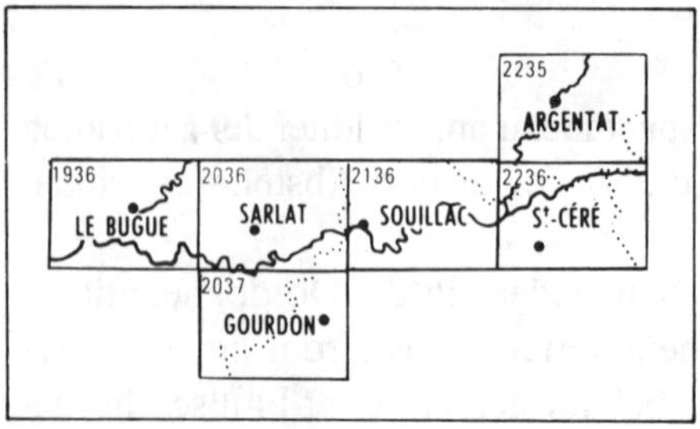

Topographische Karten für die Dordogne

Eine Gesamtübersicht der in diesem Buch beschriebenen Flußstrecke bietet die *Carte touristique Nr. 48* im Maßstab 1:100000, die zusammen mit dem Buch eigentlich als Kartenmaterial ausreicht. Auch sie ist bei Syro erhältlich. Wer sich für den gesamten Dordognelauf bis zur Girondemündung interessiert, sollte zur *Michelin-Karte Nr. 75* greifen, die überall in Frankreich leicht zu erhalten ist. Schließlich gibt es noch eine *Panoramakarte* des Flusses von Beaulieu bis zur Vézère-Mündung, die überall an der Dordogne angeboten wird, als Flußkarte aber weniger geeignet ist, sondern mehr die regionalen Sehenswürdigkeiten im Dordogne-Bereich nachweist. Sie heißt *Quercy/Périgord entre Dordogne et Lot.* Der Lot ist übrigens ein noch wenig bekannter Wanderfluß, der südlich der Dordogne zur Garonne fließt.
Für die (sicherlich wenigen) Leser, die ohne eigenes Boot zur Dordogne fahren, bietet sich in Argentat die Möglichkeit, Kanus zu mieten. Ein Kanadier für 2 Personen *(Canoe)* kostet pro Tag 130 Ffr., pro Woche 650 Ffr. und für 14 Tage 1.170 Ffr. Dazu kommt eine Versicherung von 12 Ffr. pro Tag. Der Rücktransport der Boote erfolgt kostenlos. Für den Rücktransport von Personen und Gepäck muß extra bezahlt werden und ist im einzelnen mit dem Kanuverleiher auszuhandeln. Eine Campingausrüstung ist im Mietpreis nicht eingeschlossen. Der Zustand der Boote hat sich, im Gegensatz zu früheren Jahren, erheblich verbessert. Es wird durchweg gutes Bootsmaterial angeboten, einschließlich der erforderlichen Auftriebskörper. Wer schon von Deutschland aus buchen möchte, kann sich entweder an das Touristenbüro in Argentat wenden (Telefon 55-28.10.91.) oder zum Beispiel an *Camping du Saulou,* Monceaux-sur-Dordogne, 19400 Argentat, Telefon 16(55)28.12.33. Auch der

Campingplatz, von dem wir starteten und der in mancher Hinsicht für Kanuwanderer am besten geeignet ist, bietet Leihboote. Seine Anschrift ist *Camping à l'écho du Malpas,* Monceaux-sur-Dordogne, 19400 Argentat.

Der Kanuverleih erfolgt duch die Firma *Safaraid.* Telefon – während der Saison vom 15.6.–15.9. – (0033 Vorwahl von Deutschland) 55/288070) oder außerhalb der Saison: Safaraid, 46140 Albas, Luzech, Tel.: 0033/65/362354. *Wichtig:* Bei Bootsbruch oder Paddelverlust hilft Safaraid sofort. Tel.: 055/288070. Man spricht dort auch Deutsch.

Drei Campingplätze kommen als Startpunkte in Frage und eignen sich auch für das Zurücklassen des Autos: Camping municipal in Argentat, Camping du Saulou, ca. 5 km flußabwärts von Argentat, und Camping à l'écho du Malpas, ebenfalls etwas flußabwärts von Argentat.

Wer zum Schluß der Kanutour sein Auto per Anhalter zurückholen muß, sollte sich für Municipal oder Malpas entscheiden. In der Ortsmitte von Argentat findet man schon Hinweisschilder auf camping municipal, das neben der Badeanstalt am Dordogneufer liegt. Leider aber auf einer Anhöhe, von der nur ein schmaler Pfad zum Fluß hinunterführt. Der Pfad ist aber durchaus geeignet, ein leeres Boot zum Ufer zu schaffen. Die Platzanlage ist ganz neu und sauber. Autos können auf dem Gelände zurückgelassen werden, zur Ortsmitte läuft man etwa 1 Kilometer. Der Platz ist also als Einsatzort durchaus geeignet. Daß wir ihn trotzdem nicht gewählt haben, lag wohl an der großen Hitze, und auf dem ganzen Platz stand kein Baum, kein Strauch, der Schatten warf. . . . .

Camping à l'écho du Malpas wird von einem sehr freundlichen Herrn geleitet, der gern auf die zurückgelassenen Karossen aufpaßt und der stolz ist auf die vielen alten, großen Bäume, die das Gelände wie ein natürliches Stückchen Wald wirken lassen. Damals blühten gerade die Linden, und monsieur freute sich mit uns über den Blütenduft, der den ganzen Platz einhüllte. Die sanitären und sonstigen Einrichtungen des Campingplatzes sind neu und in einem sehr guten Zustand. Insgesamt ist es ein familiärer Platz ohne Perfektion, und vor allem kann man direkt am Dordogneufer campen, das hier zum An-und Ablegen gut geeignet ist. Man findet den Platz, wenn man von Argentat am rechten Ufer flußabwärts nach *Beaulieu (D12)* fährt. Er ist etwa 2 Kilometer von Argentat entfernt.

Für Kanuten, die mit einem zweiten Fahrzeug zum Startpunkt zurückfahren können, ist *Camping du Saulou* der empfehlenswertere Platz, denn er ist entschieden der komfortabelste bei Argentat. Zu finden ist er, wenn man über die Brücke in Argentat in Richtung *Aurillac (N 120)* fährt. Kurz hinter der Brücke zweigt rechts flußabwärts ein Sträßchen *(D116)* ab, das über die winzigen Weiler *L'Hôpital* und *Vergnolles* zum Campinggelände führt. Diese Zufahrt ist etwas abenteuerlich wegen der engen Ortsdurchfahrten. Auf dem Camp ist auch am Ufer reichlich Platz. Bar, Restaurant, Lebensmittelshop, Schwimmbad, Kinderspielplatz und gute sanitäre Anlagen machen den Platz empfehlenswert. Für zurückgelassene Autos gibt es einen Parkplatz, der allerdings außerhalb des Camps direkt neben einer Bar liegt. In der Hautpsaison ist er vollgestellt und nicht überschaubar. Das Risiko, daß das Auto beschädigt oder aufgebrochen wird, läßt sich nicht vermeiden.
Natürlich kann man in Argentat ankommen und schon am nächsten Morgen in See stechen. Aber solche Hektik haben dieser liebliche Fluß und seine Landschaft nicht verdient. Ich schlage vor, wenigstens einen Tag entweder zu faulenzen oder ein paar Ausflüge zu unternehmen. Sehr schön ist zum Beispiel diese Halbtagstour: Auf der *D116* am linken Ufer flußabwärts von Argentat bis Beaulieu fahren und auf der *D 12* am rechten Ufer flußaufwärts wieder zurück. Den Fluß behält man dabei während der ganzen Fahrt im Auge, und hin und wieder kann man unter schattigen Nuß- und Eßkastanienbäumen anhalten, zum Fluß hinunterklettern, sich einige Schwälle und Kaskaden ansehen und sich so in das einfühlen, was einen auf diesem Fluß erwartet. In Beaulieu lohnt es sich, daß große Wehr zu besichtigen, das hier die ganze Flußbreite versperrt, und einen Spaziergang durch den mittelalterlichen Ortskern zu machen. Zurück in Argentat bietet sich ein kleiner Fußmarsch hinauf zum *Puy du Tour* an, einem 406 Meter hohen Aussichtspunkt. Das ist eigentlich mehr ein sportlicher Spaziergang durch schattigen Wald, in dem Himbeeren, Walderdbeeren und Kirschen wachsen. Zu Pfingsten kann man auf den Wiesen kurz vor dem „Gipfel" die allerniedlichsten frischgeborenen Schäfchen streicheln, die mit krummen, staksigen Beinen durch das duftende Wiesengras hoppeln. Den Weg zum Puy du Tour hinauf findet man so: Von der nach Argentat hineinführenden *D 12* zweigt am Ortsanfang die *D 169* nach *Neuville* ab und von dieser wiederum nach wenigen hundert Metern links die Zufahrt zum Puy. Man könnte zwar

bis zum Gehöft *Le Charlat* kurz unterhalb des Gipfels fahren. Die Straße ist etwa eineinhalb Meter breit und asphaltiert. Aber am Bauernhof muß man parken, nur Parkplätze gibt es dort nicht. Kluge Menschen fahren darum erst gar nicht mit dem Auto hinauf. In der Saison führt das nämlich auf der steilen, schmalen Straße ohne Ausweich- und Parkmöglichkeiten zu einem Chaos. Zu Fuß ist der Weg hinauf und herunter in einer guten Stunde zu schaffen. Ein anderer sehr schöner Ausflug kann zu den Stauseen im Oberlauf der Dordogne führen. Das ist eine Rundfahrt von etwa 40–50 Kilometern. Die Straße zweigt gleich hinter der Brücke in Argentat, die man in Richtung Aurillac überquert, nach links ab. Schon bald ist die *Barrage du Sablier* erreicht, mit einem herrlichen Blick auf das *Schloß Gibanel,* das auf einer Halbinsel im Stausee liegt. Zum Schloß gehört ein gut geführter Campingplatz am Seeufer. Wenn der Stausee leer ist, was öfter vorkommt, liegt Gibanel „auf dem Trockenen". Der ganze Seegrund zeigt sich als Schwemmsandfläche, durch die die Dordogne mit starkem Gefälle tost. Weiter geht es an der aufgestauten Dordogne entlang durch ein herrliches Waldtal bis zur *Barrage du Chastang.* Das ist ein gewaltiges Bauwerk, das 85 Meter hoch und 300 Meter breit das Tal versperrt, um die Energie der wilden Dordogne in Elektrizität zu verwandeln. Ein sehr schöner Blick über Staumauer und See bietet sich, wenn man, an der Mauerkrone angekommen, rechts die Serpentinen der *D 29* hochfährt und nach einigen hundert Metern einen Haltepunkt erreicht. Nach Argentat zurück führt eine landschaftlich überaus angenehme Straße *(D 29* in Richtung *St. Martin-la-Méanne).* Wer noch kurz vor Argentat eine *vue panoramique* (schöne Aussicht) genießen möchte, muß aufpassen, daß er das winzig kleine Sträßchen findet, das sofort hinter der Staumauer der Barrage du Sablier den Berg hinaufführt. Es ist bis zu einer Pumpstation befahrbar, danach kommen etwa 11 Kilomter Fußweg und schließlich ein grandioser Blick über Stausee, Argentat und das Flußtal.

Weitere lohnende Ausflugsmöglichkeiten

1. Wasserfälle von Murel

Etwa 25 km nordwestlich von Argentat, Richtung Tulle, fährt man bis kurz hinter das Dorf Forgès und läuft dann zu Fuß ab Bang d'Albussac auf einem markierten Wanderweg ca. 1 Stunde bis zu den Wasserfällen.

2. Sehr sehenswerte Orte

Collange la Rouge – mittelalterliches Dorf aus dem 15. und 16. Jahrhun-

dert mit Häusern aus rotem Sandstein.
Turenne – malerisches Städtchen an der Flanke eines Hügels mit imposanten Ruinen und einem großartigen Panoramablick.
3. Wanderung von Monceaux zu einem Aussichtspunkt 5 km von Argentat entfernt an der Route Argentat – Beaulieu.

Die Barrage du Chastang.

Von Argentat bis Beaulieu

(Ca. 25 km)

Die jetzt folgenden Etappenbeschreibungen entsprechen nicht unseren Tagestouren, sondern beschreiben Flußabschnitte zwischen jeweils markanten oder wichtigen Orten. Wo er abends sein müdes Kanutenhaupt zur Ruhe bettet, und wie lange er auf welcher Kiesbank faulenzen möchte, das möge jeder selbst entscheiden.
Wer am Camping Municipal in Argentat startet, trifft nach etwa 2 Kilometern beim Camping Echo du Malpas auf eine schräg durch den Fluß verlaufende Geröllstufe, die man ganz links fahren sollte. Dort ist zwar eine starke Strömung, aber auch das meiste Wasser. Schon an dieser ersten etwas schwierigen Stelle zeigt sich der für die Dordogne typische Aufbau solcher Hindernisse: Fast immer verläuft die Felsstufe oder die Kiesbank quer und schräg flußabwärts durch den Fluß und drängt die Hauptwassermenge durch eine passierbare Durchfahrtsöffnung. Dort erhöht sich natürlich die Strömungsgeschwindigkeit sehr, und manchmal bilden sich in der Zone, wo das vom Prallhang (in Kurven ist das die Außenkurve) zurückgeworfene Wasser und der Hauptstrom miteinander kämpfen, turbulente Wellen, vor denen man sich etwas hüten muß. Ist man daran vorbeigesaust, folgt noch eine Zone unruhigen Wassers und hinter der Kies- oder Felsschwelle das Kehrwasser, das flußaufwärts strömt. Wenn man sich dieses Schema einmal angesehen und gemerkt hat, ist es auch leicht, schon von weitem am Strömungsgeräusch und der Wellenbildung zu erkennen, wo die beste Durchfahrt zu finden ist. Fast immer ist sie dort, wo das strömende Wasser glatt bleibt. Mit dieser Erkenntnis ausgerüstet, wird es dann vielleicht auch gelingen, das kurz hinter Malpas drohende, wirklich ernste Hindernis zu schaffen. Dort zwängt sich der Hauptstrom zwischen zwei dicht stehenden Felsen durch, wird auf wenige Meter Breite zusammengequetscht und benimmt sich deshalb entsprechend wild. Diese *mal passage* (schlechte Durchfahrt) bringt ein quer treibendes Boot sofort zum Kentern, also bitte mit ein wenig Mut den Stromzug suchen, der etwa halblinks ist, das Boot mit dem Bug geradeaus hineingesteuert und durch mit Schwung!
Hinter dem Katarakt, der je nach Wasserstand etwa einen halben bis einen Meter hoch ist, steht eine Walze, die in einen offenen Kanadier so

ein bis zwei Eimer Wasser hineinschaufelt. Diese Abkühlung tut aber gut nach dem Nervenkitzel. Im Auslauf hinter dem Katarakt liegen noch einige beachtliche Brocken im Wasser, die man vor lauter Aufregung besser nicht übersieht, sonst endet alles doch noch mit einem Vollbad. Ob Sie nun mutig sind oder nicht, vorsichtig sollten Sie jedenfalls sein und vor dem Malpas rechtzeitig, mindestens 100 m vorher, anlegen, um sich die Sache anzusehen, denn die beste Durchfahrt ist sehr vom Wasserstand abhängig. Bei der Anfahrt links halten, damit die Strömung Sie nicht in den rechten Arm zieht, der bei höherem Wassersstand sehr gefährlich ist. Monsieur vom Campingplatz erzählte uns, daß das laute Geräusch der heftigen Strömung an dieser Engstelle zu dem Namen *l'écho du malpas* geführt hat und daß diese Passage früher bei den Berufsschiffern berüchtigt war. So etwas wie Berufsschiffahrt gab es tatsächlich auf der Dordogne: Mit plumpen Holzkähnen verschiffte man dünne Stämmchen bis zu den Weinanbaugebieten bei *Bordeaux.* Diese Stämmchen waren zum Anbinden der Rebstöcke bestimmt. In Argentat gibt es ein kleines Fotogeschäft, in dessen Auslage noch historische Fotos solcher Barken zu sehen sind.
Schon kurze Zeit später mündet von links die *Maronne* mit ihrem klaren, schnellen Wasser in die Dordogne. Dort ist auch ein idealer Badeplatz. Doch Vorsicht! Nach Regenfällen, oder bei stärkerem Wasserablaß aus den oberhalb gelegenen Stauseen, können hier starke Turbulenzen entstehen. Das Flußtal weitet sich jetzt zu einer Talaue, die landwirtschaftlich intensiv genutzt wird. Aber, anders als das unsere viel zu gern tun, ließen die französischen Bauern Wallhecken und Baumgruppen stehen, und die Felder und Wiesen sind noch keine sterilen Hochleistungsflächen. Hier gibt es noch blühende und duftende „Unkräuter" und Artenvielfalt. Die Ufer sind ganz und gar naturbelassen, nirgendwo hat jemand versucht, diesen Fluß zu begradigen oder auszubauen. An dem, was hoch oben im Ufergebüsch hängt, ist leicht zu erkennen, daß das Frühjahrshochwasser mindestens 2 bis 3 Meter über dem Sommerniveau gewesen sein muß. Es drängt sich die Vision einer gewaltigen Hochwasserwelle auf, die den Charakter dieses Flusses völlig verändert und der keine Uferbefestigung standhalten könnte.
Die erste Straßenbrücke wird sichtbar. Sie verbindet die Dörfchen *Monceaux-sur-Dordogne* und *Vergnolles* (D 12E). Hinter der Brücke sprudelt der Fluß über eine Kiesbank mit geringer Wassertiefe. Spannend wird es

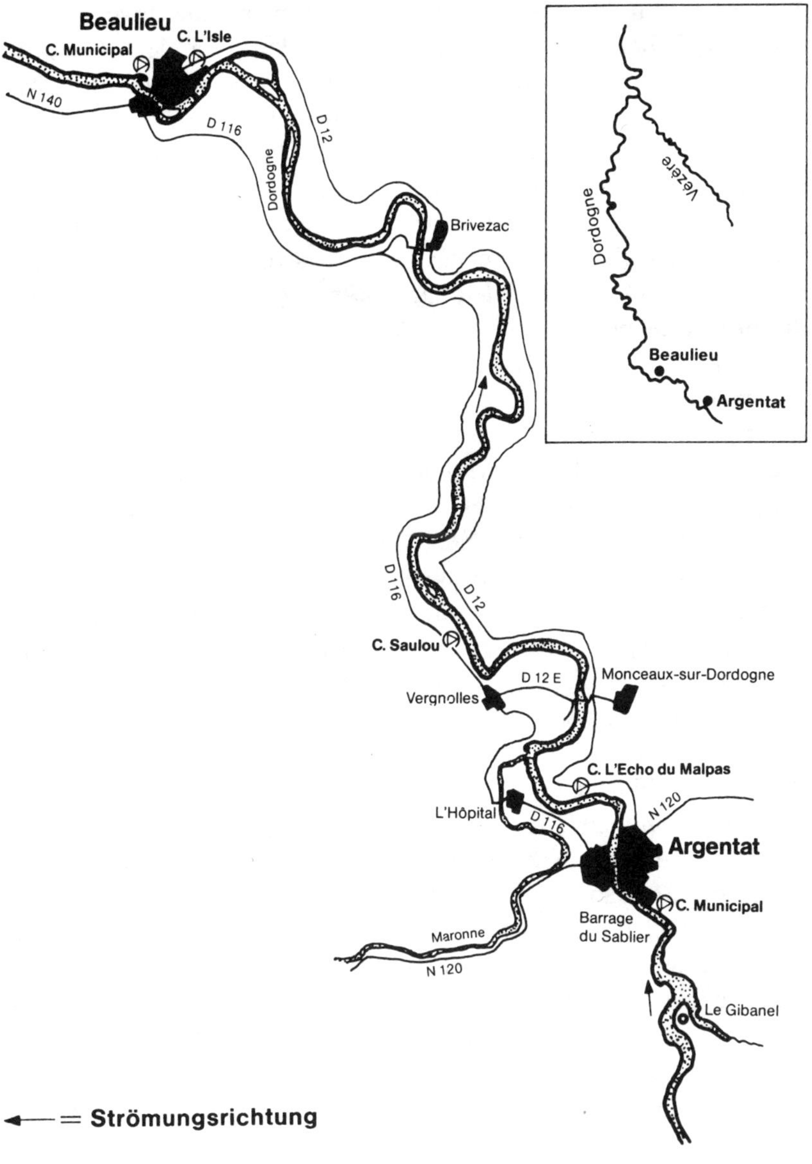

Beaulieu
C. Municipal
C. L'Isle
N 140
D 116
D 12
Dordogne
Brivezac
Vézère
Dordogne
Beaulieu
Argentat
D 116
D 12
C. Saulou
D 12 E
Monceaux-sur-Dordogne
Vergnolles
C. L'Echo du Malpas
L'Hôpital
D 116
N 120
Argentat
C. Municipal
Barrage
du Sablier
Maronne
N 120
Le Gibanel
← = Strömungsrichtung

dann wieder am Ende der jetzt beginnenden weiten Linkskurve, denn es naht mit Gebrause eine verblockte Kurve kurz vor dem *Camping Saulou.* Unmittelbar vor dieser (Rechts-)Kurve ist die übliche unfahrbare Kiesbank, so daß man links in die Außenkurve einfahren muß, wo sich das Wasser am Prallhang beschleunigt. Und dann muß man sehr gut aufpassen, denn nun folgt eine Passage, die mit meterhohen scharfkantigen Felsen verblockt ist. Links zeigt sich Camping Saulou, an dem der Fluß flott vorbeizieht. Wer nach diesen ersten aufregenden Erlebnissen sein Gepäck und die Kleidung trocknen muß oder auch nur eine Picknickpause einlegen will, kann das gut auf dem Campgelände oder auch auf der Insel, die einige hundert Meter flußabwärts folgt. Sie hat einen warmen steinigen Strand und ist urwaldartig mit Bäumen und Büschen überwuchert.

Die nächste Straßenbrücke wird bei *Brivezac* erreicht. Bis dahin ist eine entspannte Fahrt ohne größere Hindernisse zu erwarten. Wer meint, daß jetzt die Zeit für Apéritif oder Menu gekommen sei, der kann bei der Brücke anlegen und ins Dorf hochklettern. Dort findet er ein kleines ländliches Restaurant in einem hübschen alten Bauerndorf. Wir haben unseren ersten Dordogne-Tag kurz vor Brivezac beendet, weil wir von der Hitze und den vielen neuen Eindrücken „geschafft" waren. Ohne weiteres könnte man aber die Strecke Argentat-Beaulieu an einem Tag schaffen, wenn man frühmorgens startet.

Unser Zelt schlugen wir auf dem inneren Ufer der großen Linkskurve zwischen *Rodanges* (D 116) und *Le Moulin* (Topographische Karte!) auf. Das ist eine einsame, schöne Stelle, an der auch ein Lagerfeuer keinen Schaden stiften kann. Sogar einen ebenen Platz für ein kleines Zelt gibt es dort. Man darf nur nicht zu nahe am Wasser bauen, denn hier macht sich noch das starke Schwanken des Wasserstandes sehr bemerkbar. Die Warnschilder, die am Oberlauf der Dordogne zu finden sind, übertreiben wirklich nur ein bißchen. Innerhalb einer Viertelstunde kann das Wasser beträchtlich steigen oder fallen. Im Sommer ist das nicht weiter schlimm, denn es wird vor allem dem Rotwein gefährlich, der zum Kühlen in den Fluß gelegt wurde.

Hinter Brivezac bringt eine kleine Staustufe mit Felsverblockung und Minikatarakten den Fluß in Aufregung. Eventuell links landen und besichtigen. Die Bootsbesatzung kann aber ruhig bleiben, denn mit etwas Vorsicht ist auch diese Stelle befahrbar. Dann allerdings treibt man auf jene Stelle zu, die uns das einzige unfreiwillige Bad unserer Tour bescherte. Kurz vor Beaulieu teilt sich der Fluß. Sein linker Arm rauscht mit der Hauptwassermenge über eine verfallene Staustufe, während rechts ein sehr flacher Nebenarm um die Insel herumführt. (Auf der topographischen Karte zu finden bei dem Gehöft *Le Blessol* am linken Ufer flußabwärts). Leicht kann man das Boot über diesen Nebenarm treidelnd ins Unterwasser bringen. Wir hatten uns aber darauf versteift, im Hauptarm zu bleiben. Fahrbar war dort nur eine weniger verblockte Stelle in der Flußmitte, und durch die ließen wir uns dann auch mitreißen. Die Walze, die natürlich auch hinter diesem Katarakt toste, schlug dann unser schwerbeladenes offenes Boot voll bis zum Süllrand. Eigentlich hätten wir kentern müssen, aber irgendwie kamen wir doch noch ans Inselufer. Nur gut, daß die Sonne vom Himmel lachte (etwa über uns?). Wem ähnliches bei kühlem Wetter geschieht, der sollte sein Boot auskippen und schnell weiterpaddeln, denn Beaulieu und seine Campingplätze sind nicht mehr weit. Nötig ist dieses Abenteuer wahrlich nicht, denn eine Besichtigung der Insel zeigte, daß man auch leicht über das Inselufer umtragen kann. – Wenn nur nicht ein vollbeladenes Boot so verflixt schwer wäre. . .

Gelegenheit, dieses Gewicht zu schleppen, gibt es ohnehin schon bald, denn in Beaulieu versperrt ein Schützenwehr den ganzen Fluß, und das ist unbefahrbar. Selbst Wildwasserkanuten würde ich von einem Befahrungsversuch abraten, denn dieses Wehr hat verstellbare Stahlklappen, mit denen der Wasserdurchfluß reguliert wird. Am Rande der Klappen sind als perfekte Mordinstrumente Vorsprünge wie bei einer Baggerschaufel angebracht, die Walze hinterm Wehr ist sehr stark, und überall liegen Felsbrocken im Wasser herum. Zu warnen ist auch vor dem (verbotenen!) Umfahren des Wehres auf einem links abzweigenden Seitenarm. Der hat nämlich eine enorme Strömung, ist dabei aber sehr flach, und spätestens unter seiner zweiten Brücke wird man im Schwemmholz hängenbleiben. Außerdem stehen dort auch noch Stahlpfähle senkrecht im Wasser. Als wir diese Stelle besichtigten, ragte wie ein Mahnmal für leichtsinnige Kanuten die Bugspitze eines geborstenen Polyesterbootes aus dem Holzverhau unter der Brücke. Was ist also zu tun? Es gibt zwei Stellen zum Anlegen und Umtragen. Eine ist am rechten Ufer, die andere am linken. Das rechte Ufer ist durch eine Mauer bis zur uralten Büßerkapelle, dem Wahrzeichen von Beaulieu, befestigt. Aber diese

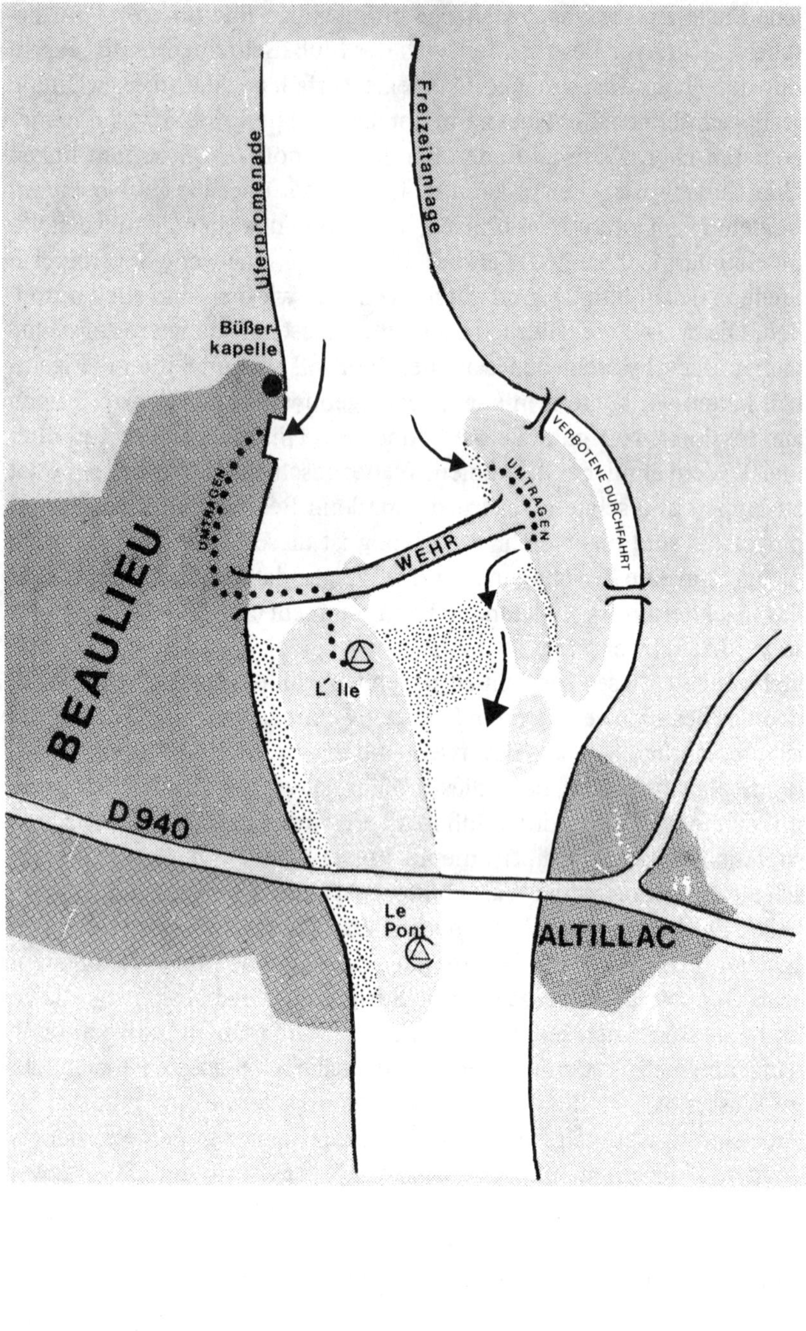
Freizeitanlage
Uferpromenade
Büßer-
kapelle
UMTRAGEN
UMTRAGEN
VERBOTENE DURCHFAHRT
WEHR
BEAULIEU
L´Ile
D 940
Le
Pont
ALTILLAC

Mauer ist etwa in der Mitte durch eine schräge Rampe unterbrochen. Dort kann man ausbooten, bis zum Wehr tragen und dann das Boot über ein Brückengeländer heben, um auf dem Gelände des *Camping L'Isle* wieder einzusetzen. Ob die Besitzer des Campingplatzes damit einverstanden sind, konnten wir nicht ermitteln. Problemloser ist das Anlegen am linken Ufer hinter der Abzweigung des Seitenarmes. Erkennbar ist diese Stelle als kleine Bucht mit Sandufer. Nach etwa 50 Metern Umtragen kann das Boot dann im Unterwasser wieder eingesetzt werden.
Beaulieu hat 2 Campingplätze und einen sehr schönen alten Ortskern. Wer daran vorbeipaddelt, um „Strecke" zu machen, ist selbst schuld. Nähert man sich dem Ort, wird man am linken Ufer lebhaften Badebetrieb bemerken. Dort ist kein Campingplatz, sondern eine große Freizeit- und Erholungsanlage. Die beiden Campingplätze liegen hinter dem Wehr. Sie heißen *Camping L'Isle* und *Le Pont.* Am geeignetsten und angenehmsten ist der erste. Er ist komfortabler, ruhiger und liegt sofort rechts hinter dem Wehr. Le Pont findet man etwa 500 Meter weiter flußabwärts auf dem rechten Ufer hinter der Brücke der *N 140*, die Beaulieu und Altillac verbindet. Auf dem Camping L'Isle kann man unter vielen Bäumen und nah am Flußufer campen. Die sanitären Anlagen sind gut, heiße Duschen stehen ohne Einwurf von *Jetons* (Wertmarken) ganztägig zur Verfügung, und in den Ort hinein hat man nur wenige Meter zu laufen. Anmelden mußten wir uns damals nicht, weil die Platzbesitzerin gegen 20 Uhr ihre abendliche Platzrunde machte, um Neuankömmlinge herzlich zu begrüßen und zur Kasse zu bitten. Wer das Wehr allerdings links umträgt, wird im Hochsommer bei niedrigem Wasserstand Schwierigkeiten haben, Camping L'Isle zu erreichen. Der Hauptarm des Flußbettes ist dann nämlich so flach, daß das Boot quer zum Fluß über Kies und Geröll zum Campingplatz geschleift werden muß. Da ist es schon bequemer, im Hauptarm ganz links an einer Insel vorbei bis Camping Le Pont zu fahren. Allerdings werden dort die wenigen schattigen Plätze besetzt sein, und der Lärm von der stark befahrenen Brücke (am Wochenende auch der vom benachbarten Fußballplatz) können ruhebedürftige Kanuten stören.
Einkaufsmöglichkeiten gibt es in Beaulieu reichlich, eine der *Alimentations* (Lebensmittelgeschäfte) hat sogar am Montag geöffnet. Es ist das Geschäft neben der Post auf dem Marktplatz. Kein Geheimtip, aber

Das unfahrbare Wehr in Beaulieu. Es kann gut auf der linken oder rechten Seite umtragen werden.

doch ein guter: Das Menü für 80 Ffr. in dem Restaurant, das an der Straßenecke liegt, wo die Zufahrt zum Camping L'Isle vom Marktplatz abbiegt. Billiger und gutbürgerlicher ist das Restaurant an der *Büßerkapelle*, wo man an warmen Abenden draußen auf der Terrasse ißt. Zwei romanische Kirchen sind es, die Beaulieu „künstlerisch wertvoll“ machen: die Kapelle der *Pénitents Noirs* (Schwarze Büßer) und die Klosterkirche *St. Pierre*. Die Büßerkapelle, ein kleiner einschiffiger Bau am Dordogneufer, ist bescheiden gebaut und ausgestattet, wirkt aber sehr pittoresk. St. Pierre dagegen zieht alle Kunstfreunde an, die zur Dordogne kommen, hauptsächlich wohl wegen des prächtigen Portals. Das entstand im 12. Jahrhundert mit dem Neubau der Abteikirche. Damals war Beaulieu eine wichtige Station auf dem Pilgerzug nach Santiago. Das Portal zeigt im Zentrum des Tympanon Christus, mit ausgebreiteten Armen seine Wundmale vorweisend. Das Weltgericht um ihn herum stellt die üblichen Gruppierungen dar: Zwei Engel wecken mit ihren Fanfaren die Toten auf, die ihren Grüften entsteigen, und die Apostel wohnen als Beisitzer dem Jüngsten Gericht bei. Über allem schweben zwei Engel, das Kreuz Christi haltend. Der zweigeteilte querliegende Türsturz bildet

Die Klosterkirche St. Pierre in Beaulieu

in seinem oberen Streifen vier Fabeltiere ab, die die Verdammten martern. Weitere Monstren, unter anderem ein siebenköpfiges apokalyptisches Ungeheuer, sind auf dem unteren Streifen zu sehen. Der Türsturz wird von einem Mittelpfeiler getragen (dem Trumeau), der ebenfalls schön verziert ist. Vier sehr schlanke Figuren bilden ihn, wahrscheinlich Propheten. Weitere Figurengruppen in den Portalwangen sind schon so verwittert, daß sie kaum noch zu erkennen sind. Links ist es Daniel in der Löwengrube, rechts die Versuchungen Christi. Bei einem Rundgang um die Kirche, die ganz dicht von Bürgerhäusern umschlossen ist, gefällt besonders die Chorpartie, die sehr wirkungsvoll die innere Raumaufteilung widerspiegelt.

Von Beaulieu bis Carennac

(Ca. 20 km)

Der Fluß zwischen Beaulieu und Carennac mäandert mit großen Schleifen in einem weiten Tal, sprudelt über Kiesbänke oder verliert sich manchmal in kleine ausgebaggerten Seen – den Überbleibseln der Kiesgewinnung, die eingestellt wurde. Die früher so gefürchteten Kiesbagger mit ihren gefährlichen Seilen gibt es heute nicht mehr. Hier sind aber immer einige Schwälle, Untiefen, Kolke, Strudel und starke Gegenströmungen zu erwarten, so daß man auch besonders gut auf den Fluß achten muß. Dafür detaillierte Befahrungshinweise zu geben, wäre sinnlos, denn an diesen Stellen verändern sich die Verhältnisse dauernd.
Hinter Beaulieu beginnt ein längerer, fast gerade verlaufender Flußabschnitt mit einigen harmlosen Inselpassagen und Kiesbankschwällen. Das erste Kieswerk wird passiert, und gleich danach ist am rechten Ufer das *Château d'Estresse* zu sehen. Es ist das erste einer nun nicht mehr abreißenden Kette von Schlössern und Burgen, die das Dordogneufer säumen und großen Anteil am Reiz einer Dordognefahrt haben.
Nach etwa 2 Stunden wird eine Doppelbrücke sichtbar (N 703 und eine Bahnlinie), die anzeigt, daß man sich etwa auf der Höhe von *Bretenoux* befindet. Dieser reizlose Ort wird für Kanuten erst beim Zurücktrampen nach Argentat wichtig, weil man hier einige Probleme haben kann, über die aber später noch berichtet werden soll. Die Doppelbrücke hat für uns noch eine andere Bedeutung: Dahinter ist am linken Ufer ein Restaurant, wie geschaffen für hungrige und durstige Kanuwanderer, denn man kommt dort gerade so gegen Mittag an. Wer sich lieber sein Süppchen am Busen der Natur kochen möchte, sollte sich, sobald die Brücke sichtbar wird, am rechten Ufer ein Plätzchen suchen. Dort gibt es einige sehr schöne, schattige und verschwiegene Stellen. So, und nun wird es Zeit, den *Gouffre de Padirac* anzupreisen. Das ist eines der großartigsten Höhlensysteme, das Touristen in Europa zugänglich ist. Den Gouffre nicht zu besuchen, dafür gibt es nur zwei triftige Gründe: Faulheit oder Höhlenangst. Dieses wirklich einmalige Erlebnis kann man sich entweder schon jetzt während der Kanutour verschaffen, oder man plant es für später ein und fährt dann mit dem Auto hin. Wir mußten den Gouffre auf später „vertagen", weil wir nicht in einer Gruppe fuhren und deshalb

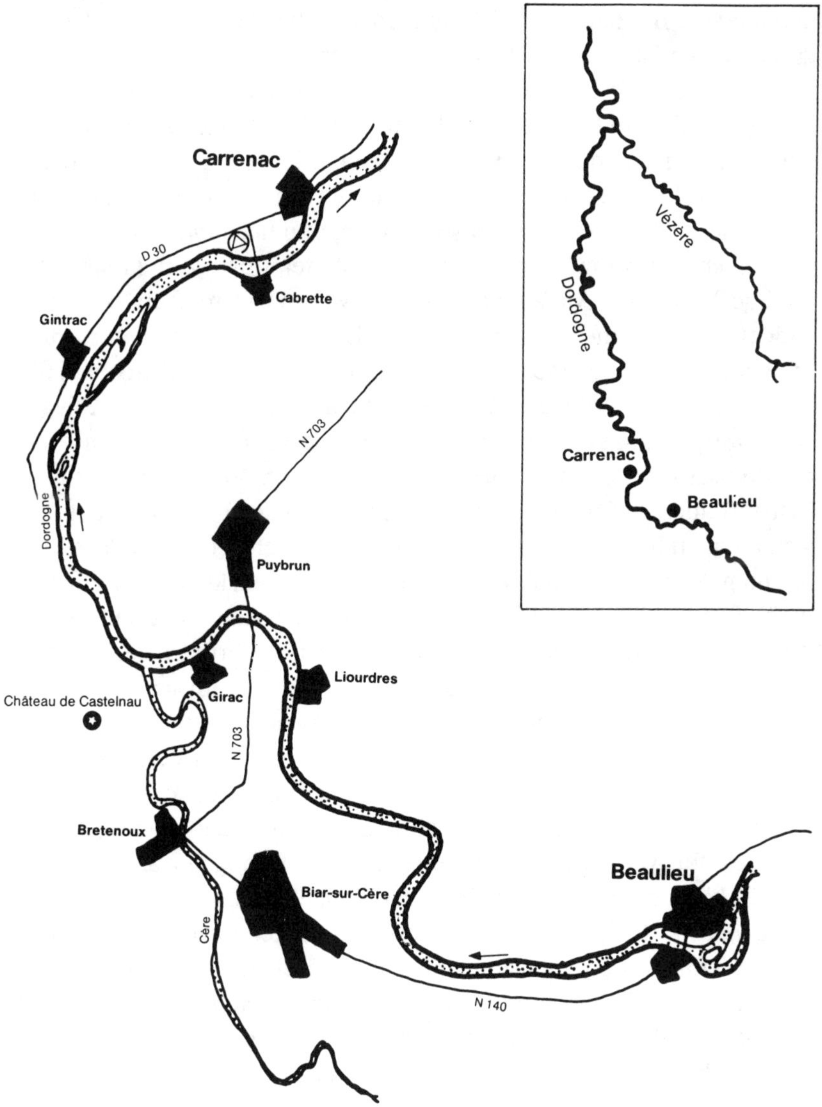
Carrenac
D 30
Cabrette
Gintrac
N 703
Dordogne
Puybrun
Liourdres
Château de Castelnau
Girac
N 703
Bretenoux
Biar-sur-Cère
Beaulieu
Cère
N 140
Vézère
Dordogne
Carrenac
Beaulieu

niemand bei Boot und Ausrüstung zurückbleiben konnte. Für Fahrtengruppen aber ist es ganz sicher eine spannende Unterbrechung der Kanutour. Außer mit dem Auto kann man auf drei Weisen zum Gouffre gelangen: mit dem Bus, per Anhalter und zu Fuß. Auf jeden Fall wird es einen ganzen Tag dauern, bis man abends wieder bei den Booten ist. Wer es per Bus versuchen will, muß frühmorgens schon an der Doppelbrücke sein, also vorher irgendwo campen, und nach *Puybrun* wandern (nach rechts, flußabwärts gesehen). Dort starten Busse zum Gouffre de Padirac. Wer es per Anhalter oder zu Fuß wagen will, muß etwas weiterpaddeln, um frühmorgens in *Gintrac* an Land zu gehen. Von dort kann er über die *D 60* und *D 90* zum Gouffre kommen. Zeltmöglichkeiten für die Nacht „vorher" gibt es in Gintrac nicht, allenfalls eine kleine Anlegestelle dort, wo links ein paar Häuser an der Uferstraße zu sehen sind und ein Rinnsal vom hohen Ufer herabrieselt. Wenn es noch immer derselbe Schäferhund ist, der Ihnen beim Anlegen entgegenbellt, brauchen Sie sich nicht zu fürchten, der ist ganz harmlos. Etliche gute Zeltplätze findet man vor Gintrac am linken Ufer und auf einigen kleinen Inseln. Sowohl Trampern als auch Wanderern wird die Sache nicht einfach gemacht, denn die schmale Nebenstrecke ist nur dürftig befahren und führt über ein sehr heißes karstiges Kalkplateau. Warum sich diese Strapazen trotzdem lohnen, werden Sie spätestens dann begreifen, wenn Sie am Rande des ungeheuren, fast 80 Meter tiefen Loches stehen werden, das den Eingang in die Höhlenwelt des Gouffre bildet. Eine Beschreibung dieser Höhle finden Sie im vorletzten Kapitel des Buches, wo ich die Ziele für Autoausflüge schildere, die eine Dordogne-Kanu-Tour ergänzen könnten. Schon bald hinter der Doppelbrücke mündet von links die *Cère* ein. Vorsicht! Nach Gewittern und starken Regenfällen schwillt der Fluß mächtig an und verursacht eine gefährliche Seitenströmung in der Dordogne. Rechts fahren. An diesem Punkt sieht man linkerhand das massig auf einem Hügel die Landschaft überragende *Château de Castelnau-Bretenoux.* Das Schloß aus dem 11. Jahrhundert, im Jahre 1851 abgebrannt, ist restauriert worden und kann besichtigt werden (täglich, außer Dienstag, zwischen 1. April und 30. September von 9–12 und 14–18 Uhr, während der übrigen Monate verkürzte Zeiten). Für die Flußwanderer wurde in dem links liegenden Ort *Prudhomat* eine Landemöglichkeit geschaffen, um von dort zu Fuß zum Schloß zu gelangen (*Point d'acceuil Jeunes* mit einfachen Schlafmöglichkeiten und kalten Du-

Foto: Gatz-Bootsbau

schen). Eine Besichtigung lohnt sich, und dabei wird dann ein amüsanter Brauch aus der Geschichte der Festung erzählt: Etwa seit dem 12.–13. Jahrhundert wurde jährlich ein rohes Ei mit großen, nicht ganz ernstgemeinten Zeremonien auf einen Ochsenkarren geladen und von Castelnau nach Turenne kutschiert. Es war die symbolische Tributleistung der einst mächtigen Barone von Castelnau an den Vizegrafen von Turenne, den ihnen der Graf von Toulouse als „Vorgesetzten" aufgezwungen hatte. Natürlich wollte sich der damalige Baron von Castelnau dieser Willkür nicht beugen, und es gab einige blutige Auseinandersetzungen zwischen ihm und dem Vizegrafen, die schließlich durch den Schiedsspruch Ludwigs VIII. beendet wurden, der dem Baron die Burg ließ und den jährlichen symbolischen Tribut von einem Ei festlegte.

Nach der *Bave-Mündung* links vor Gintrac, die man im Inselgewirr aber kaum finden kann, geht die Kanutour weiter an Gintrac vorbei und nähert sich *Carennac.* Etwa nach 3 Kilometern sollte seine Tour beenden, wer Carennac besuchen möchte, was sich wirlich sehr lohnt. Achtung! Unmittelbar vor der Stadt, in Sichtweite der Straßenbrücke D 20, ein Hindernis. In Flußmitte die *Ile de la Prade.* Nach rechts fließt der Hauptstrom über ein schräg im Fluß verlaufendes Naturwehr aus Flußkieseln. Unbedingt vorher ansehen. Bei niedrigem Wasserstand treideln oder schieben möglich. Zwischen linkem Ufer und der Insel ein kurzer Mühlenkanal mit schnell strömendem Wasser. Direkt nach der Insel rechts eine zerfallene Wehranlage. Von mutigen Einerfahrern fahrbar. Vorsicht! Evtl. Steine im Unterwasser. Wo der Mühlenkanal beginnt, ist links das *Camping Municipal* zu finden, eine Wiese mit einfachen sanitären Einrichtungen. Von dort aus muß man noch etwa einen Kilometer bis Carennac laufen, was sich nun mal nicht zu vermeiden läßt, weil eine andere geeignete Zelt- oder Anlegemöglichkeit bei Carennac nicht zu finden ist. Ein Blick auf die topographische Karte läßt zunächst vermuten, daß die Ile de la Prade oder auch die folgende *Ile de Calypso* geeignet wären, aber das sind in Wirklichkeit amphibische, mückenverseuchte Flußauen ohne Weg und Steg. Die nächste geeignete und einigermaßen mückenfreie wilde Zeltmöglichkeit bietet sich erst ca. zwei bis drei Kilometer flußabwärts hinter Carennac. Wer nach der Stadtbesichtigung auf diesem linken Arm weiterfährt, findet kurz hinter Carennac einen Kanal, der durch eine Insel hindurch gebaut wurde und direkt in die Hauptströmung der Dordogne mündet. Früher diente das schnell strömende Wasser dieses Nebenarmes dem Antrieb einer Wassermühle, und deshalb konnte er nicht befahren werden. Heute gibt es keine Probleme mehr mit dieser Mühle. Ähnlich wie Beaulieu birgt auch Carennac eine romanische Abteikirche inmitten eines Gewirrs mittelalterlicher Gäßchen und zum Teil liebevoll restaurierter alter Wohnhäuser. Die *Eglise Saint-Pierre* stammt aus dem 12. Jahrhundert und hat ein wunderschönes, nicht ganz so aufwendig wie in Beaulieu geschmücktes Portal. Den Kreuzgang der Abtei betritt man durch eine kleine Pforte. Er ist klein, wirkt sehr intim, überschaubar und beruhigend. Ein Treppenturm führt auf das Dach des Innenhofes und damit zu einem schönen Aussichtspunkt über die winkligen Gassen und alterskrummen Dächer von Carennac.

Tympanon der Kirche von Carennac

Von Carennac bis Pinsac

(Ca. 25 km)

Diesen Flußabschnitt mit seinen gewaltigen steilen Felsufern haben wir als den landschaftlich schönsten empfunden. Man sollte ihn genießen und nach allen Regeln der Ferienkunst verbummeln.
Nach etwa einer Stunde kündigt kräftiges Rauschen einige Kiesbankschwälle an. Auf der topographischen Karte ist dort eine große Insel eingezeichnet (vor *Mézels*). Befahrbar ist der Flußarm zwischen der großen Insel und der kleineren Insel, die mitten im Fluß liegt. Im Sommer muß man hier notfalls treideln, aber bei gutem Wasserstand rauscht man diese Passage wie auf einer Rutschbahn herab.
Schon bald nach dem Ort Mézels wird die Brücke der *D 80/D 43* sichtbar. Eine Eisenbahnbrücke folgt sofort und gibt dann den Blick frei auf die erste richtige Steiluferstrecke unserer Tour. Weitere Steilufer werden folgen, was dem Fluß einen etwas wilden, abenteuerlichen „touch" gibt.

Er fließt genau auf die hochaufragende Felswand zu und wird von ihr zu einer rechtwinkligen Richtungsänderung gezwungen. Das hat natürlich zu Unterspülungen am Fuß der Felswände (den Prallhängen) geführt. Dort zu kentern, kann lebensgefährlich werden, und es ist deshalb sehr leichtsinnig, so nah an die Felsen heranzupaddeln, daß das Boot gegen sie gedrückt werden könnte. Kommt es doch zu einer Kenterung, muß man sich sofort vom Boot befreien und tief nach unten flußabwärts wegtauchen. Mit etwas Glück wird man dabei von der Strömung am Flußgrund erfaßt und kann im Bereich der „Pilze“ wieder auftauchen. Die Dordogne ist aber breit genug, um das Befahren dieser Flußschleifen in der Innenkurve zu ermöglichen, wo sich immer eine ausgedehnte, flach ins Wasser verlaufende Kiesbank erstreckt. Auf diesen Kiesbänken, mit der großartigen Felskulisse vor Augen, kann man sehr angenehme Picknick- und Badepausen einlegen.
Schon hinter der nächsten, ebenso „zackigen“ Wendung des Flusses gibt es links ein großes schwarzes Loch in der Felswand zu sehen. Es ist die Öffnung zu einer der vielen Grotten, mit denen dieses Gestein durchzogen ist. Dahinter schwenkt der Fluß nach rechts und rauscht beachtlich durch eine Engstelle, die je nach Wasserstand befahrbar ist oder rechts umtragen werden muß. Nach der Brücke der *N 681* gibt es einen schönen Strand und interessante Felspartien. Etwa 2 km danach kommt eine gefährliche Stelle im Fluß, die wegen des Höhenunterschiedes nur schwer zu erkennen ist. Dies gilt besonders bei niedrigem Wasserstand. Dann liegt in der Flußmitte eine große Sandinsel, und die Hauptströmung führt rechts daran vorbei. Mitten im Fahrwasser liegen Bäume, die von der Uferböschung heruntergestürzt sind. Lebensgefahr!!! An der Insel anlanden, besichtigen und die Boote an dieser gefährlichen Stelle vorbeitreideln. Bis zur nächsten Flußschleife bei *Montvalent* bleibt das Panorama *„très pittoresque“*, und die Flußschleife selbst bietet geradezu ideale Bade-, FKK- und Zeltmöglichkeiten. In der topographischen Karte finden Sie diese Stelle als *Les Bornes*. Rechts folgt dann der sehr schöne Ort *Creysse*. Ein Besuch dieses malerischen Dorfes, mit einer romanischen Kirche aus dem 12. Jahrhundert und einem Schloß, lohnt sich. Der Fluß schwingt wieder nach links, und dann sieht man die Brücke zwischen *St. Sozy* und *Meyronne* (D15).
Rechts hinter der Brücke befindet sich ein einfacher Campingplatz mit der Möglichkeit, ein Feuer zu machen. Auf dem Platz gibt es eine Snack-

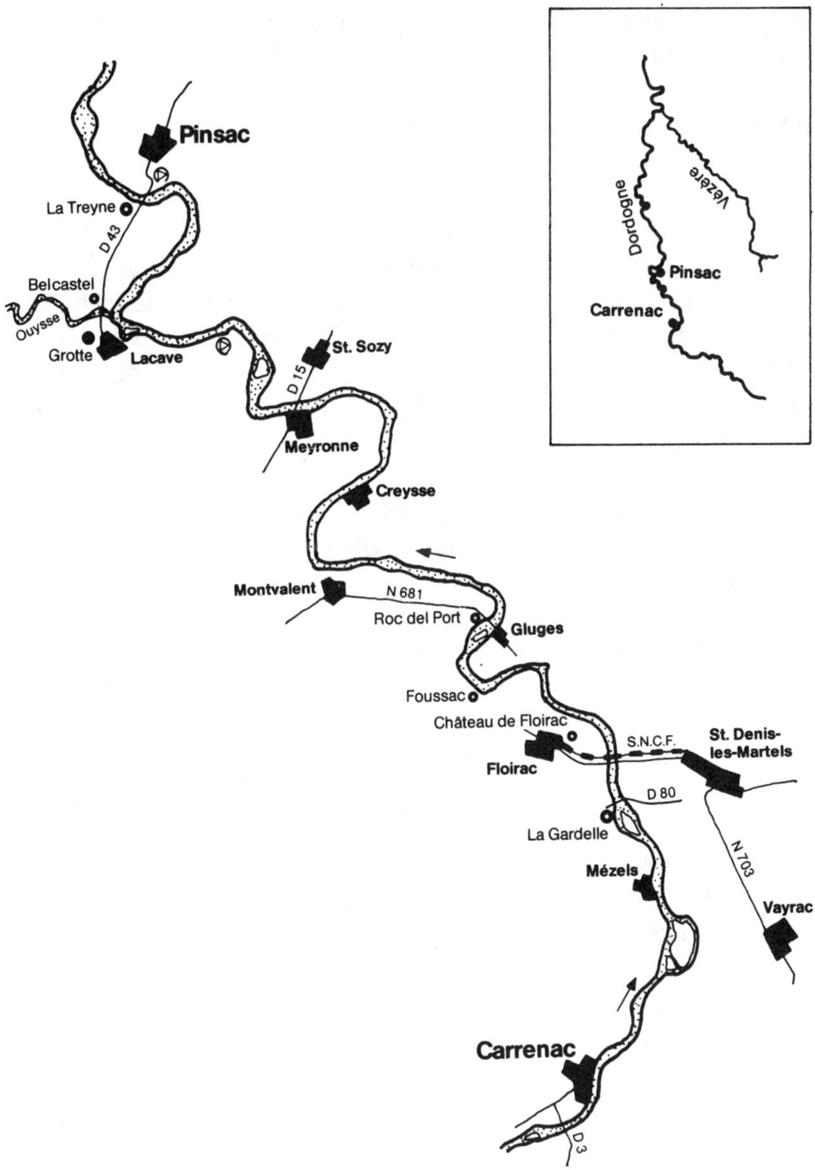
Pinsac
La Treyne
D 43
Belcastel
Ouysse
Grotte
Lacave
St. Sozy
D 15
Meyronne
Creysse
Montvalent
N 681
Roc del Port
Gluges
Foussac
Château de Floirac
Floirac
S.N.C.F.
St. Denis-
les-Martels
D 80
La Gardelle
N 703
Mézels
Vayrac
Carrenac
D 3
Dordogne
Vézère
Pinsac
Carrenac

Bar. Das *Restaurant Grangier* in St. Sozy, ein sehr gemütliches, familiäres Restaurant mit regionaler Berühmtheit, hat den Besitzer gewechselt. Ob es noch so gut ist wie früher, kann nicht gesagt werden. Auf der anderen Flußseite, in Meyronne, gibt es im Schloß ein sehr sympathisches Restaurant, das *La Terrasse* mit großartiger Aussicht auf das Dordognetal. Hinterher lohnt sich ein Spaziergang durch das hübsche Dörfchen. Hinter St. Sozy/Meyronne zwingt wieder eine Felswand den Fluß nach rechts. Danach folgen einige schöne Durchfahrten zwischen Inseln und Kiesbänken, während die gewaltigen *Rocs de Monges* immer näher an das rechte Flußufer heranrücken. Nach einer weiteren (Links-) Kurve verläuft der Fluß ein Stück geradeaus, links gleiten ein Campingplatz und eine Ferienkolonie vorbei, und dann ist auch schon das Schloß *Belcastel* hoch oben auf dem Felsufer zu sehen. Es ist das Signal dafür, daß man sich einige hundert Meter vorher am linken Ufer einen Anlegeplatz suchen muß, wo auch die Boote zurückbleiben können, wenn die Besatzungen nach Lacave wandern, um in die Grotten einzufahren.

Die Öffnungszeiten der Höhlen sind: vom 1. April–15. Oktober täglich von 9–18 Uhr, im August bis 19 Uhr.

Die Temperatur in den Höhlen beträgt konstant + 13 Grad Celsius; die Besichtigung dauert etwa 75 Minuten. Bitte Pullover mitnehmen. Eintrittspreis: ca. 20 Ffr. Es beginnt mit einer schauerlich-schönen Eisenbahnfahrt in die Höhle durch einen schmalen langen Stollen, dessen finstere Wände man beim Durchrasen berühren könnte, wenn man leichtsinnig wäre. Weil alles finster ist und der kleine Elektrozug fürchterlich rattert und stößt, hat man tatsächlich das Gefühl, durch einen Höllenschlund zu rasen. Über Treppen und einen Aufzug geht es dann hinein in ein verwunschenes System von Tropfsteinhöhlen und zauberhaft beleuchteten unterirdischen Seen.

Zurückgekehrt an die Sonne und auf die Dordogne, braucht man schon einige Zeit, um dieses einmalige Erlebnis zu verarbeiten.

Unterhalb von Belcastel mündet von links die Ouisse. Bei hohem Wasserstand bildet sich dort ein Wirbel. Rechts fahren. Aber auch bei niedrigem Wasserstand ist es zu empfehlen, rechts zu fahren, weil die Strömung das Boot sonst gegen die Felsen drückt. An der alten Brücke links guter Landeplatz zur Schloßbesichtigung. Von der teilweise überwucherten Aussichtsterrasse hat man einen herrlichen Blick auf den Fluß. Danach folgt eine Reihe von Kiesbänken und Inselpassagen. Ca. 1 km

nach Schloß Belcastel mündet links nach einer Insel ein unterirdischer Bach direkt aus dem Steilfelsen heraus. Die Befahrung dieser Bachhöhle ist auf ca. 60 m möglich, Taschenlampe mitnehmen. Am Ende des Steilufers zeigt sich links der Ort *Meyraguet*, und von rechts drängt ein weiteres wildes und karges Steilufer an den Fluß heran, das bis kurz vor die Brücke der *D43* reicht. Genau dort, wo das Steilufer aufhört, liegt rechts der Camping Municipal von *Pinsac*, ein überaus angenehmer Platz. Vor allem deshalb, weil man dort ungestört von irgendwelchen Benutzungsordnungen tun und lassen kann, was einem Spaß macht. Sogar eine Feuerstelle ist dort, und Mücken gibt es wegen des ständig wehenden Windes auch nicht. Gleich nach Verlassen des Campinggeländes zweigt hinter dem einzelstehenden Wohnhaus ein schmaler asphaltierter Fußweg ins Dorf ab. Er führt zunächst hoch zur Felswand und dann nach Pinsac hinein, wo es ein Lebensmittelgeschäft und ein bäuerliches Restaurant an der Kirche gibt. In der Hauptsaison kann man in der *Boucherie* (Metzgerei) sogar Fahrräder mieten. Dieser Campingplatz ist also für einen oder mehrere Ruhetage ideal geeignet.

Von Pinsac bis Rouffillac

(Ca. 22 km)

Dieser Flußabschnitt ist nicht mehr durchgehend von felsigen Steilufern geprägt, trotzdem landschaftlich sehr schön und bietet mit *Souillac* für die, die es schon vermissen, endlich wieder einmal die Möglichkeit zu einem Stadtbummel.

Das *Château de la Treyne*, gleich hinter der Brücke von Pinsac auf steilen Uferfels gebaut, kann man gut zu Fuß vom Camping Municipal aus erreichen. Zu besichtigen ist das hübsche Schloß leider nicht mehr. Es ist zu einem Hotel umfunktioniert worden. La Treyne war ursprünglich eine Burg des 14. Jahrhunderts, wurde in den Religionskriegen aber bis auf einen Turm verbrannt, der in den jetzigen Bau aus dem 17. Jahrhundert eingefügt ist. An schöner Steilküste vorbei geht die Kanutour bei flotter Strömung weiter, bis links oben auf den Felsen eine von vier Rundbögen getragene Kapelle sichtbar wird. Das ist einer der schönsten Aussichtspunkte der ganzen Dordognefahrt, und man sollte unbedingt ein paar Schweißtropfen vergießen, um dort hinaufzuklettern. Anders als viele bekanntere Aussichtspunkte ist *Le Bastit* vom Tourismus nicht überlaufen und hat noch den Charme eines sonnigen stillen Gebirgsplateaus. Ganz ruhig und entspannt kann man dort die Zeit verträumen. Wer so lange nicht stillsitzen mag, der kann allerdings auch in den Höhlen herumkrabbeln, die das Gestein unter Le Bastit durchziehen.

Ohne ernsthafte Hindernisse strömt der Fluß weiter an bewaldeten Steilküsten vorbei, passiert das *Château de Lanzac* am linken Ufer (Vorsicht, rechts tote Bäume im Hauptstrom etwa in Höhe des Ortes Terregaye) und fließt dann in einer langgezogenen Linkskurve auf *Souillac* zu, das zunächst an der Brücke (*N 20*) erkennbar ist. Man sollte die Brücke so durchfahren, daß man am Campingplatz hinter der Brücke links anlegen kann. Dieser Platz, der allerdings im Juni noch geschlossen ist, bietet mehr Ruhe und bessere Anlegemöglichkeiten. Ein anderer, *Camping Municipal*, folgt etwa 500 Meter weiter am rechten Ufer. Sein Steilufer mit Steinschüttung und die schnelle Strömung machen ihn nicht gerade zur idealen Anlegestelle. Man muß die Boote fünf bis sechs Meter fast senkrecht das Steilufer hochziehen, über eine Straße tragen und dann über den Zaun des Campingplatzes heben. Der hat uns nun gar nicht ge-

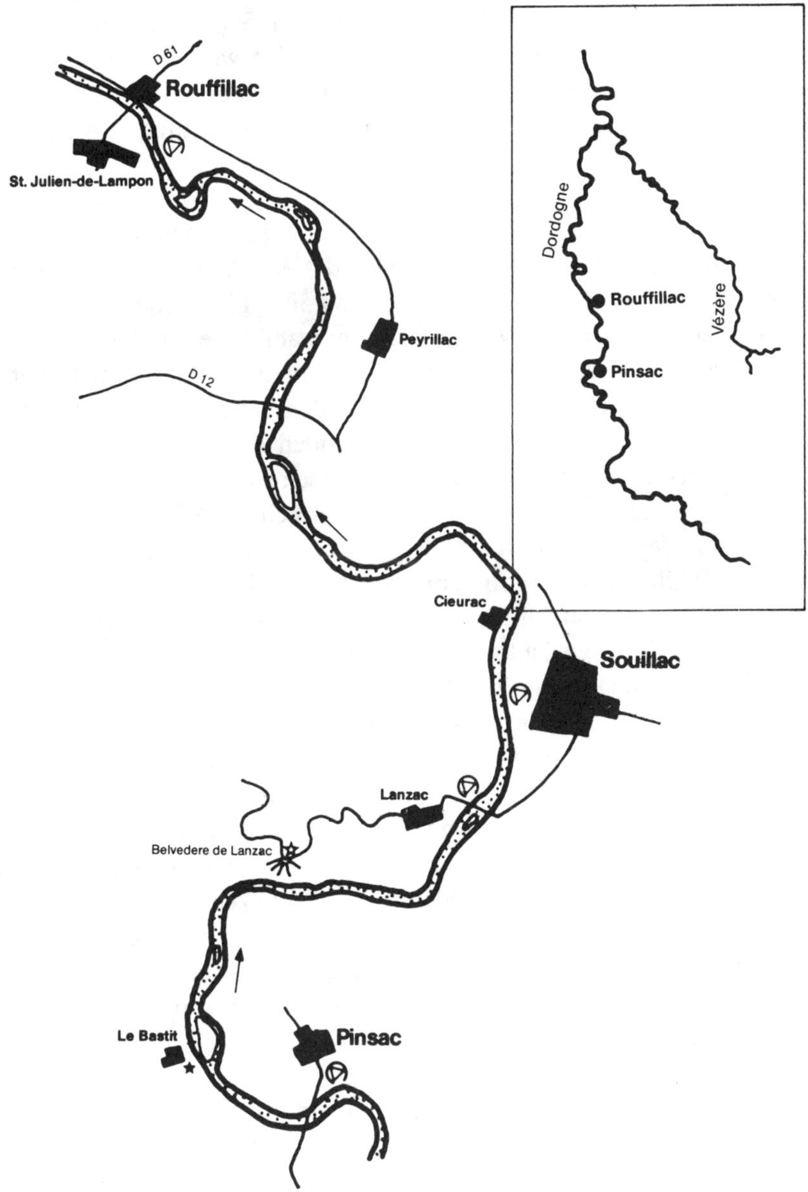

D 61
Rouffillac
St. Julien-de-Lampon
Peyrillac
D 12
Cieurac
Souillac
Lanzac
Belvedere de Lanzac
Le Bastit
Pinsac
Dordogne
Vézère
Rouffillac
Pinsac

fallen, weil er schattenlos, schon im Juni überlaufen und laut und staubig wirkte. In der Saison ist das noch schlimmer, weil Souillac ein geeigneter Ausgangspunkt für Ausflüge in das Dordognetal, nach Lacave und *Rocamadour* ist (wird im vorletzten Kapitel dieses Buches beschrieben).

Die *Route Nationale 20*, die Hauptverbindung zwischen Paris und Toulouse, schaufelt besonders in der Ferienzeit eine endlose Autolawine durch die Hauptstraße des Ortes von etwa 5000 Einwohnern. Die hat dann auch jeden Charme verloren und ihr wahres Gesicht hinter buntem Andenkenkitsch versteckt. Trotzdem kann dieses Gewimmel nach den ruhigen, naturverbundenen Tagen auf dem Fluß vielleicht faszinieren, und außerdem gibt es zur Erholung ja noch den Bummel durch den alten Stadtkern, der abseits der Hauptstraße seine Ruhe und eigene Ausstrahlung bewahrt hat. Dort steht eine romanische Abteikirche aus dem 12. Jahrhundert, deren Portal zu den bedeutendsten Werken der romanischen Bildhauerei in Südfrankreich zählt. Der Du Mont-Reiseführer „Périgord und Atlantikküste" von Thorsten Droste, der für den ganzen Bereich des Dordognelaufes sehr zu empfehlen ist, schreibt dazu:
„... Ins Innere gelangt man durch einen Vorraum, der das Untergeschoß eines aus dem 11. Jahrhundert stammenden Turmes darstellt. Der langgestreckte, einheitliche Raum ist in drei gleich große Quadrate unterteilt, deren jedes von einer gewaltigen Kuppel überwölbt wird. Der klare und übersichtliche Eindruck wird durch die letzte Restaurierung, die, wie fast alle Kirchenrestaurierungen unserer Tage, zu puristisch ausgefallen ist, leicht überspitzt. Wendet man sich nun zurück zum Eingang, gewahrt man die Werke, denen Souillac seine eigentliche Berühmtheit verdankt: der Jesaja und die Bestiensäule. Darüber und daneben erscheinen noch andere Reliefs, die alle zusammen ursprünglich ein geschlossenes Portalensemble bildeten. . ."
„... Der Bestienpfeiler war ursprünglich der Trumeau des romanischen Portals. Seine drei Schauseiten sind überreich mit Skulpturen geschmückt. Auf der linken, dem heutigen Kircheneingang zugewandten Seite ist die Isaak-Opferung dargestelt. Die problematische Form des schmalen, hohen Pfeilers wurde der Komposition geradezu genial nutzbar gemacht. Sie ist in zwei Hälften gegliedert: In der unteren stehen Abraham und Isaak. Der Vater hat den Knaben eng an sich gezogen und

ist eben im Begriff, zum tödlichen Streich auszuholen. Von oben stößt der Engel herab, um Abraham den Widder zu überbringen, der anstelle von Isaak geopfert werden soll. Die extreme Vertikalisierung der Anordnung unterstreicht die Dringlichkeit des Einschreitens durch den Engel. So wie sich ein Raubvogel im Flug auf seine Beute wirft, läßt der Engel nahezu senkrecht aus dem Himmel herab, der oben durch einige Wellenlinien angedeutet ist. Die Opferung Isaaks durch seinen Vater wurde im Mittelalter oft und gerne, besonders in der Portalplastik, zur Darstellung gebracht. Man sah in ihr einen prophetischen Hinweis auf den Opfertod Christi, ein gutes Beispiel für die Typologie, die Zuordnung alttestamentarischer Begebenheiten zu Ereignissen des neuen Bundes. Die Frontseite übertrifft die Isaakopferung noch an Originalität. Hier stehen vier Paare von sich überkreuzenden Löwen und Greifen übereinander, deren strenge Ordnung durch ein Gewoge von Menschen- und Tierleibern aufgelockert wird. Das Thema ist der Höllensturz der verdammten Kreatur. Derselbe Aufbau findet sich an dem Trumeau von Moissac, wo er aber noch streng und spröde wirkt, während in Souillac alles ins Expressive gesteigert ist. Die rechte Seite des Pfeilers schließlich zeigt, im

Gegensatz zur Verdammnis, die Auserwählten. Drei sich in liebevoller, glückbeseelter Zuwendung umarmende Menschenpaare stehen übereinander. Alle drei Seiten des Trumeaus zeigen dieselbe Verbindung streng ornamentaler Gliederung mit bewegter Verlebendigung der Details, die den Gesamteindruck gebändigter Dramatik vermittelt. Die Form des Bestienpfeilers, die ihren Ursprung in Aquitanien hat, wirkte weit nach Norden. Ein entfernter Verwandter findet sich in der Krypta des Domes zu Freising bei München.

Zwischen Bestiensäule und Eingang ist die Gestalt des Propheten Jesaja in die Wand eingelassen. Im zweiten Viertel des 12. Jahrhunderts entstanden, sieht die Kunstgeschichte in ihr den Gipfelpunkt romanischer Skulptur. Ursprünglich dürfte sie im Gewände des zerstörten Portals gestanden haben, möglicherweise in Verbindung mit einer Verkündigungsgruppe. Die heutige unscheinbare Aufstellung im Inneren der Kirche, fast versteckt im Schatten der Bestiensäule, nötigt dem Besucher ein längeres Verweilen ab, wenn er die Gestalt in ihrer ganzen künstlerischen Tiefe erfassen will. Hat man das Glück, allein in der Kirche zu sein, kann man getrost auf einem der herumstehenden Stühle vor dem Jesaja Platz nehmen. Auf den ersten Blick frappiert die Gestalt durch ihre lebendige Bewegung. Das Motiv des Schreitens mit sich überkreuzenden Beinen, ein feststehender Typus in den darstellenden Künsten des Mittelalters, ist hier zum Tanzen umgedeutet worden. Das verleiht der Figur etwas Leichtes, Schwebendes und läßt die strenge Gesetzmäßigkeit, der die Gestalt in ihrer Gesamtheit und in allen Details unterworfen ist, gänzlich vergessen. Ist es denn wirklich ein natürlicher Tanzschritt, der hier vorgeführt wird? Wer den Versuch unternimmt, die Bewegung des Jesaja nachzuahmen, scheitert hoffnungslos. Die extreme Kreuzung der Beine, die verwinkelten Arme, die zudem ein Schriftband halten, und der zurückgebogene Oberkörper ergeben einen real nicht nachvollziehbaren Ablauf von Einzelmotiven, die in einem rein ornamentalen Bezug zueinander stehen. So wiederholt sich die Schrägstellung des vorgestellten linken Beines parallel im linken Arm und wird in der Haltung des Kopfes wieder aufgegriffen, während der Position des rechten Beines die Wendung des Rumpfes entspricht. Diese kreuzweise Anordnung parallel zueinander verlaufender Kompositionslinien ist auch für die Bestiensäule charakteristisch, wo in der Darstellung des Löwen und Greifen derselbe kompositorische Gedanke deutlich wird. Mit gutem

Grund vermutet man für beide Werke denselben Meister. Dem Geschlängel der niederstürzenden Menschen und Tiere an der Säule entspricht beim Jesaja weiterhin die fließende Bewegtheit seines Bartes und des Gewandes. Welche Naturnähe suggeriert dieses zu dicken Strähnen geordnete Haupt- und Barthaar, dennoch konstatieren wir im selben Atemzug, daß es tatsächlich niemals so wachsen kann. Und das Gewand: schwungvoll gebauschte Faltenwürfe werden jäh durch Knitterung gebremst, brechen sich im Saum, dessen prachtvoll und bis ins kleinste Detail ziselierte Bordüre vergessen läßt, daß der Werkstoff spröder Stein und nicht Stoff ist. Diese eigentümliche Verbindung ornamentaler Schematisierung und bewegter Lebendigkeit, die sich nicht an der Realität orientiert, macht die Intention des Werkes deutlich. Hier soll nicht ein Tänzer oder ein tanzender Prophet gezeigt werden, vielmehr lebt in der Figur die Idee des Tanzens als extatische, vom göttlichen Geist erfüllte Bewegung, die nicht irdischer Gesetzmäßigkeit unterworfen ist. Der Jesaja zählt mit Recht als Höhepunkt romanischer Plastik, denn in ihm vollendet sich dieses für alle Werke seiner Epoche geltende Prinzip der Durchdringung des Steins hin zum Ausdruck der dahinterstehenden geistigen Dimension. Wer den Jesaja von Souillac aufmerksam betrachtet hat, wird die Bildwerke des Mittelalters künftig mit anderen Augen sehen. . ." (Seite 68/69).
Und wahrscheinlich auch die Bildwerke unseres Zeitalters, die in den vielen Andenkenläden der Hautpstraße von Souillac angeboten werden. Womit wir das feierliche Dunkel der Klosterkirche verlassen hätten und uns wieder dem Fluß zuwenden. Ein kurzes Stück flußab von Souillac stoßen wir auf einen großen Kiesabbau, dort wo in der topographischen Karte bei *Cieurac* eine Fähre eingezeichnet ist. Inzwischen wurde dort eine Brücke gebaut, und genau davor liegt ein Kieswerk. Zwischen den Brücken von Lanzac und Cieurac immer in Flußmitte fahren, wegen der von den Ufern herabgestürzten Bäume.
Es folgt *Les Cuisines*, bisher die einzige Häuseransammlung direkt am Fluß, die ein wenig störend wirkt, weil die Häuser modern und für meinen Geschmack häßlich gebaut sind und das Ufer befestigt ist. Aber die Vorbeifahrt dauert ja nicht lange, ein schönes Steilufer prägt bald wieder die Szene. Danach weitet sich das Flußtal, und bis *Cazoulès* kann man sich ungehindert und entspannt treiben lassen. Umgeben von fruchtbarem Bauernland, Äckern und Wiesen sprudelt die Dordogne über etli-

che flache Stellen und Kiesbänke weiter. In diesem Tal mußte sich der Fluß nicht durch enge Felspassagen zwängen, konnte in die Breite gehen, ein langes Stück geradeaus strömen und ist deshalb recht friedlich und flach. Angesichts der Brücke zwischen *Rouffillac* und *St.-Julien-de-Lampon* (D 61) kann man sich überlegen, ob der Fahrtentag hier enden soll. Wir können den Campingplatz am rechten Ufer vor der Brücke sehr empfehlen. Am linken Ufer gibt es ebenfalls einen Campingplatz mit gutem Anlegeplatz am Strand vor der Brücke. Auf dem Platz gibt es eine Snack-Bar. Zum Ort St.-Julien-de-Lampon sind es etwa zehn Minuten zu Fuß, und hier können Sie preiswerter und angenehmer einkaufen und essen als im stärker von Touristen frequentierten Rouffillac. Wer diese Anlegemöglichkeit verpaßt, landet dann eben auf der rechten Flußseite. Anlegen ohne Umstände kann man nur entweder ganz am Anfang oder ganz am Ende des Camps, weil dort keine meterhohen Steinschüttungen sind. Besser ist es, schon beim Anblick der ersten Zelte nach rechts aus der Hauptströmung herauszuschwingen (Vorsicht Wirbel!) und zu einer Lücke im Ufergebüsch zu paddeln bzw. zu treideln. Dort kann man Boot und Ausrüstung bequem auf das Camp tragen. Rouffillac besteht nur aus ein paar Häusern an der Kreuzung der *D61* und *N703*. Folglich gibt es dort wenige Einkaufsmöglichkeiten. An der Straßenkreuzung werben zwei Restaurants um den Durchfahrtstourismus, man kann auch Felle kaufen. Wer aber Lebensmittel braucht, muß in der Saison warten, bis der winzige Campingshop geöffnet hat oder bis ein Fleischer mit seinem Verkaufswagen angebimmelt kommt, oder er muß sich zu Fuß nach St.-Julien-de-Lampon aufmachen. Das dauert etwa eine halbe Stunde und gibt auch mal den Beinen etwas zu tun. Dieser hübsche Ort hat eine Drogerie (Camping Gaz!), Bäckerei, Lebensmittelgeschäft und ein Café mit Snackbar bei der Kirche. Alles wirkt angenehm verschlafen und verstaubt, auf jeden Fall sehr sympathisch.

Ganz in der Nähe (ca. 3–4 km) erhebt sich hoch über dem Flußtal das sehr imposante, fast original erhaltene *Château de Fénelon.* Obwohl das Schloß heute in Privatbesitz ist und man es nur von außen besichtigen kann, lohnt der kleine Fußmarsch schon wegen der herrlichen Aussicht auf den Fluß. Auf Fénelon wurde übrigens einer der Männer geboren, die das geistige Leben Frankreichs im 18.Jahrhundert prägten: François de Fénelon, der später Erzbischof von Cambrai wurde. Wenn Sie auf

Der Marktplatz von Domme

dem Weg zum Schloß der Beschilderung gefolgt sind, die an der Kirche in St.-Julien-de-Lampon für den Autoverkehr angebracht ist, könnten Sie für den Rückweg ein anderes Sträßchen wählen. Zunächst geht es hinab zum winzigen Ort *Ste. Mondane* bis zur „Hauptstraße“ (der *D 50*), dann überqueren Sie diese und kehren durch Wiesen und Felder, ungestört von Kraftfahrzeugen, nach St.-Julien zurück.

Von Rouffillac bis Domme

(Ca. 20 km)

Die wenigen Flußkilometer von Rouffillac bis Domme sind der landschaftlich schönste Flußabschnitt der Dordogne. Besonders der *Cingle de Montfort* und *Domme* sind Höhepunkte unserer Tour. Bis etwa *Groléjac*, an dem man unter zwei Brücken hindurch vorbeipaddelt, ist das Flußtal weit und lieblich. Der Fluß wird von grünen Auwäldern gesäumt, strömt mäßig, und diese Strecke ist so richtig zum Faulenzen und „sich treiben lassen" geeignet. Hinter den Brücken von Groléjac wird das Flußtal wieder enger, die Strömung flotter, und bald wird die Dordogne zu einer scharfen Rechtskurve gezwungen. Dort beginnt der landschaftlich besonders schöne Cingle de Montfort. Wo man das Gefühl hat, daß eine hochaufragende Felswand den Flußlauf versperren will, beginnt die Rechtskurve. Oben auf dem Plateau sieht man einen Kirchturm und einige Häuser. Das ist der winzige Ort *Turnac.* Die Michelin-Karte zeigt an dieser Stelle eine große Insel im Fluß und kurz davor links eine weiße Fläche mit dem Namen *La Courregoude.* Das ist ein sehr ausgedehntes Kiesufer, auf dem man eine Pause machen oder, besser noch, übernachten sollte. Nicht ganz einfach ist es, dort einen Platz für das Zelt zu finden, aber die Sache lohnt sich. Die Sache, das ist der Eindruck, den dieses Fleckchen Erde hinterläßt: Kein Mensch weit und breit, hinterm Zelt eine urwaldähnliche Flußaue, vorm Zelt der schnelle, glasklare Fluß, auf dem warmen Kiesgeröll des Ufers ein loderndes Feuer, alles von einem dunkelblauen Abendhimmel überwölbt, und aus der Flußaue lockt die Nachtigall mit süßen, schmelzenden Tönen. Sehr still wird man dort, möchte die ganze Nacht am Feuer bleiben und schwört sich, ein besserer Mensch zu werden, sich nicht mehr über unwichtige Kleinigkeiten aufzuregen oder auf all den üblichen Zivilisationsschnickschnack hereinzufallen.

Wir hatten das große Glück, ausgerechnet an dem Tag auf dieser Kiesbank zu hocken, an dem am anderen Ufer eine Sonnenwendfeier stattfand. Dieser Brauch ist an den Ufern der Dordogne noch sehr lebendig. Das ganze Dorf ist auf den Beinen, man läßt sich irgendwo an einer schönen Stelle des Flusses nieder, und dann wird bis tief in die Nacht hinein geschmaust, gesungen und getanzt. Wir erlebten die Feier am anderen

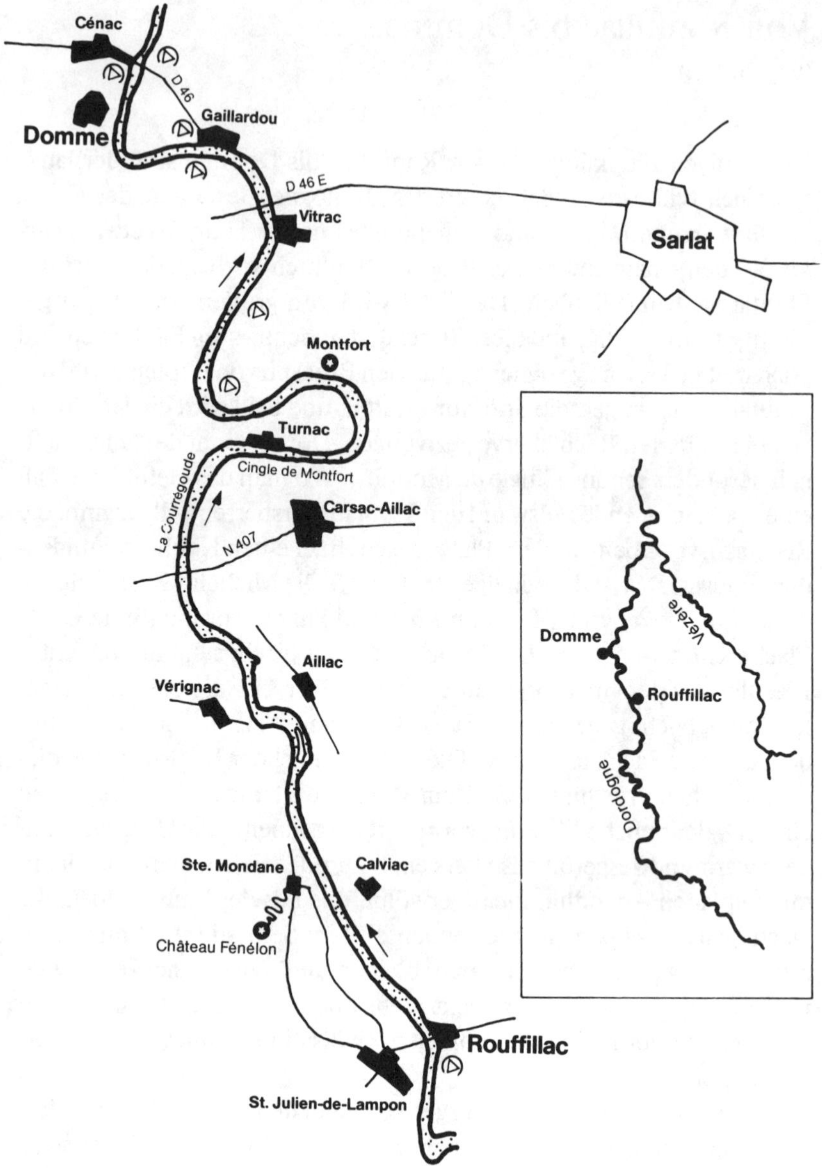
Cénac
D 46
Gaillardou
Domme
D 46 E
Vitrac
Sarlat
Montfort
Turnac
Cingle de Montfort
La Courrégoude
Carsac-Aillac
N 407
Aillac
Vérignac
Ste. Mondane
Calviac
Château Fénélon
Rouffillac
St. Julien-de-Lampon
Domme
Vézère
Rouffillac
Dordogne

Ufer wie Zaungäste aus der Ferne, saßen still am knisternden Lagerfeuer und lauschten auf die Geräusche, die Musik und das Lachen, die eine warme Abendbrise über den Fluß wehte. Als dann auch noch ein feuerroter Sonnenuntergang das Flußtal vergoldete, fühlten wir uns wie Kinder, die mitten in ein Märchen hineingeraten sind. Fluß, Wald, Mond, Musik und Menschen, alles verschmolz zu einer wunderbaren Harmonie, zu einem Erlebnis, das wir niemals vergessen werden. Noch ganz erfüllt vom Zauber des Abends, braucht man am nächsten Tag nur etwa eine halbe Stunde weiterzupaddeln, um den herrlichen Anblick des *Château de Montfort* zu genießen.
Der Fluß schwingt vorher in einer großen Schleife, dem „cingle", nach links, prallt dann gegen ein hohes Steilufer, und schon sieht man das Schloß. Es steht ganz oben auf steilen Felsen, überragt und beherrscht das Flußtal. Hier sollte man unbedingt an der steilen Felswand anlegen, um das Panorama zu genießen. Es ist ein einmalig schöner Badeplatz, und wir haben es als eine der schönsten Stellen des gesamten Dordognelaufes empfunden. Übernachten könnte man dort auch, denn an der Innenseite des „cingle" ist das Ufer flach und mit Gras bewachsen. Wir haben es zwar nicht versucht, aber sicher ist es möglich, zum Schloß hinaufzuklettern, um mal „von oben herab" auf die Dordogne zu blicken. Leider kann man nur den Park und die Terrasse des Schlosses betreten, aber gerade von dort ist der Blick über den Fluß wunderschön. In dem winzigen Dörfchen, das sich ums Schloß herumdrängelt, könnten Sie einen Holzschnitzer in seiner Werkstatt besuchen. Er hält die Türen weit offen für Neugierige, die ihm bei der Arbeit über die Schultern blicken möchten. – Vielleicht hat er die passende Gallionsfigur für Ihr Kanu anzubieten?
Der nächste Höhepunkt unserer Fahrt, Domme, ist noch etwa 2 Stunden entfernt, und daß es im Hochsommer auch ein touristischer Brennpunkt ist, merkt man an den Campingplätzen, die jetzt die Ufer beleben. Ich kann mir leicht vorstellen, daß hier in der Ferienzeit ganz schön was los ist. In der Vorsaison hat man allerdings auch auf dieser Strecke Zeit, die herrliche Landschaft und die flotte Strömung zu genießen.
Die Brücke, die bald in Sicht kommt, gehört zur *D 46* und führt zum Dorf *Vitrac*, rechts auf dem Steilufer (idealer Landeplatz am Sandstrand neben der Brücke, zum Besuch des acht Kilometer entfernten Städtchens Sarlat. Von hier kürzeste Entfernung vom Fluß. Keine öffentli-

chen Verkehrsmittel. Laufen oder trampen). Dann fließt die Dordogne einige Zeit geradeaus durch eine liebliche Wiesen-, Felder- und Waldlandschaft und wird schließlich durch ein mächtiges Felsmassiv zu einer scharfen Rechtskurve gezwungen. Das ist der Felsrücken, auf dem hoch droben Festung und Dorf Domme stehen.

Unten am Fluß gibt es eine Brücke und links davor und rechts dahinter jeweils einen Campingplatz. Der linke *(Camping Municipal)* ist empfehlenswert, weil er näher am Ort liegt und ebenes Gelände hat. Der rechte Campingplatz ist eigentlich nur ein schräger Wiesenhang, wohl mehr etwas für Leute, die es schaffen, sich im Schlaf mit einer Hand am Zeltgestänge festzuklammern, damit sie nicht aus dem Bett rollen.

Ganz besonders für Domme gilt, was über viele Stellen an der Dordogne zu sagen ist: Wer daran vorbeipaddelt, ist selber schuld!

Mindestens einen Tag braucht man, um sich Festung und Dorf anzusehen, und wer die Gelegenheit nutzen will, mit dem Bus nach *Sarlat*, der schönen mittelalterlichen Stadt, zu fahren, der wird noch einen oder zwei weitere Tage in Domme bleiben. Vom Campingplatz aus startet übrigens jeden Mittwoch und Samstag ein Kleinbus nach Sarlat als „autoservice" für Campinggäste. Im vorletzten Kapitel des Buches finden Sie eine Beschreibung von Sarlat. Das Dorf, in das man vom Camp aus zum Einkaufen wandert, heißt *Cénac*. Dort gibt es alles, was man so normalerweise braucht. Was man eigentlich nicht braucht, aber als Reiseandenken mitnehmen könnte, sollten Sie sich in Domme holen. Am besten zu Fuß, denn es führt eine schöne kleine Straße durch schattigen Wald hinauf auf den Felsen. Wir haben diesen kleinen Marsch von etwa 30 Minuten sehr genossen, denn es war ein heißer Tag, aber im Wald war's schön kühl. Wir befanden uns in solch fröhlicher Urlaubsstimmung, daß wir anfingen, alberne selbstgedichtete Lieder zu singen, die wohl so verrückt klangen, daß ein Franzose, der zackig mit seinem Sportrad die Serpentinen hochkeuchte, einen Augenblick verdutzt innehielt, aus dem Tritt kam, und, plumps, lag er da. Da er weich gefallen war, lachten wir über ihn, er über uns und so weiter.

Spätestens nach halber Strecke werden Sie begreifen, warum Domme im 13. Jahrhundert als *Bastide* (Festung) gegründet wurde, denn es geht verflixt steil bergan. Zum Fluß hin fällt die Bergwand senkrecht ab, so daß von dort aus wohl kein böser Feind etwas ausrichten konnte. Dort, wo die Straße von Cénac zur Bastide führt, war man nicht so gut geschützt und mußte deshalb eine Festungsmauer errichten. Auf diese noch heute erhaltene Mauer marschierten wir nun los und betraten durch die *Porte des Bos* die Festung. Gleich wird man gefangen und von dem mittelalterlichen Bild der verwinkelten, gebogenen, holprigen und engen Gäßchen und efeubewachsenen Hutzelhäuschen. Vieles ist in Domme original erhalten geblieben, aber vieles ist auch sehr liebevoll erneuert oder restauriert worden, denn als Festung hat Domme ein recht bewegtes Leben geführt und einige Zerstörungen ertragen müssen.

Das ging im Hundertjährigen Krieg schon los, als es oft und heftig umkämpft wurde. 1417 eroberten es die Engländer, zerstörten das Königsschloß und feierten 20 Jahre lang ihre wüsten Soldatenfeste in Domme. Der nächste, der etwas kaputtmachte, war Vivans. 4 Jahre verteidigte er die Festung gegen die Katholiken, ehe er sie für 40000 Livres an seine Erzfeinde verhökerte. Vorher zerstörte er aber schnell noch die alte Pfarrkirche, die heute wiederaufgebaut zu sehen ist.
Das Königsschloß wurde leider nicht neu errichtet und ist also für immer verschwunden, aber was übriggeblieben ist, wurde mit Recht eine große Touristenattraktion.

Da ist zunächst einmal der Eindruck, den die Gesamtanlage macht: Gebäude und Gassen mußten beim Bau dem unebenen Felsgelände angepaßt werden, und deshalb ist alles schön schief und krumm; heute nennen wir das „romantisch". Dann die Aussicht von *Belvédère de la Barre*! Welch ein herrlicher Blick wie aus einem Adlerhorst über das Dordognetal. Links kann man weit in die Ferne bis zu den steilen Uferfelsen bei *La Roque-Gageac* sehen, und rechts schaut man über Fluß, Wiesen und Felder bis *Vitrac*. Und oft hört man solche Aussprüche: „Du, schau mal. Da unten steht ja unser Zelt. Donnerwetter, ist das winzig klein, und das Boot sieht aus wie ein Streichholz!" Ganz andere Sprüche hört man, wenn man sich in die Grotte wagt, deren Eingang sich in der wunderschönen alten *Markthalle* befindet. Geöffnet ist die Höhle vom 1. April bis 30. September von 8.30 bis 12 Uhr und von 13.30 bis 19 Uhr. Die *Grotte de Jubilé* ist eine Tropfsteinhöhle, deren Ausgang schräg unterhalb des Belvédère de la Barre wieder ans Tageslicht führt, auf die

Promenade des Falaises. Da hört man dann: „Hui, ist das plötzlich wieder hell!" Beim Bummeln durch die Gäßchen werden Sie die drei Stadttore finden. Die *Porte des Bos*, durch die der Weg von Cénac heraufführt, die *Porte de la Combe*, mitten im Ort, und die *Port des Tours*, durch die eine Straße nach Vitrac hinausgeht. Dieses Tor, ein hervorragendes Fotomotiv, ist von zwei halbrunden Türmen umgeben, die immer mal wieder als Gefängnisse dienten. Ab 1307 wurden dort zum Beispiel einige Ritter des verbotenen Tempelordens 11 Jahre lang bei Wasser und Brot eingesperrt. Die werden sich über diese kärgliche Nahrung sehr geärgert haben, denn im *Périgord* (Landschaft um Sarlat) liebt man es, delikat zu essen und zu trinken. Das merken Sie vor allem, wenn Sie in Domme die Hauptstraße zum Markt, die *Grande Rue*, hinaufgehen. Sie ist gesäumt von Lebensmittel- und Andenkengeschäften, die von den Köstlichkeiten des Périgord überquellen. Besonders zu empfehlen sind der Nußlikör und getrüffelte Gänseleberpastete (*pâté de foie truffé*). Mit diesen Köstlichkeiten beladen, macht der Weg zurück nach Cénac doppelten Spaß: erstens wegen der Vorfreude auf Nußlikör und Pastete und zweitens, weil's so schön bergab geht.

Von Domme bis Beynac

(Ca. 15 km)

Auch diese letzte Etappe unserer Dordogne-Tour führt durch eine sehr schöne Landschaft, vorbei an *La Roque-Gageac*, einem der offiziell schönsten Dörfer Frankreichs, und danach vorbei an einer Reihe von Schlössern und Burgen, die die Ufer säumen.

Zunächst strömt der Fluß in einer leichten Rechtskurve sanft dahin, trifft dann bei *St. Julien* wieder auf eine Felswand, die ihn nach rechts drängt. Nach dieser sehr schönen Stelle schwingt er wieder nach links und zieht an La Roque-Gageac vorbei. Dieses Dorf hat 1962 den jährlichen Wettbewerb um das schönste Dorf Frankreichs gewonnen, wurde aber noch bekannter durch das Unglück, das ein Jahr später den Ort heimsuchte. Wenn man im Kanu auf das Dorf zutreibt, erkennt man bei etwas genauerem Hinsehen eine helle Fläche in der Steilwand, die die Häuser hoch überragt. Dort hat sich 1963 ein Felsüberhang gelöst und einen Teil des Dorfes unter sich begraben. Menschenleben waren aber nicht zu beklagen, denn die Dorfbewohner arbeiteten alle auf ihren Feldern.

Ein Spaziergang durchs Dorf lohnt sich, zum Übernachten ist der Ort allerdings wegen fehlender Campingmöglichkeiten nicht geeignet. Am Ortsausgang sieht man flußabwärts ein helles Schloß vor der grünen Waldkulisse schimmern. Es ist *La Malartrie*, das im 19. Jahrhundert im Stile des 15./16. Jahrhunderts gebaut wurde. Besichtigen kann man es nicht.

Der Fluß strömt jetzt an einer sehr schönen Waldkulisse entlang, und schon bald kommt das Schloß *Castelnaud* in Sicht, das hoch droben auf steilen Klippen liegt. Vor der Straßenbrücke der *D 57* gibt es einige seichte Stellen und aufgeschwemmte Kiesinseln. Dort mündet von links der *Céou* in die Dordogne. Mit dem Kanu können Sie etwa 20 Meter in die Mündung hineinfahren. Tun Sie es, und Sie werden ein kristallklares Gewässer entdecken, wie man es kaum noch woanders finden kann. Dieser Céou ist ein kleiner Gebirgsfluß, dessen Tal man bis hinauf nach *Salviac* mit dem Auto erkunden kann. Das ist ein sehr schöner Ausflug zur Abrundung des Dordogne-Urlaubs.

Wir haben uns den Aufstieg nach Castelnaud für später reserviert, denn wir wollten am gleichen Tag noch den Campingplatz in Beynac errei-

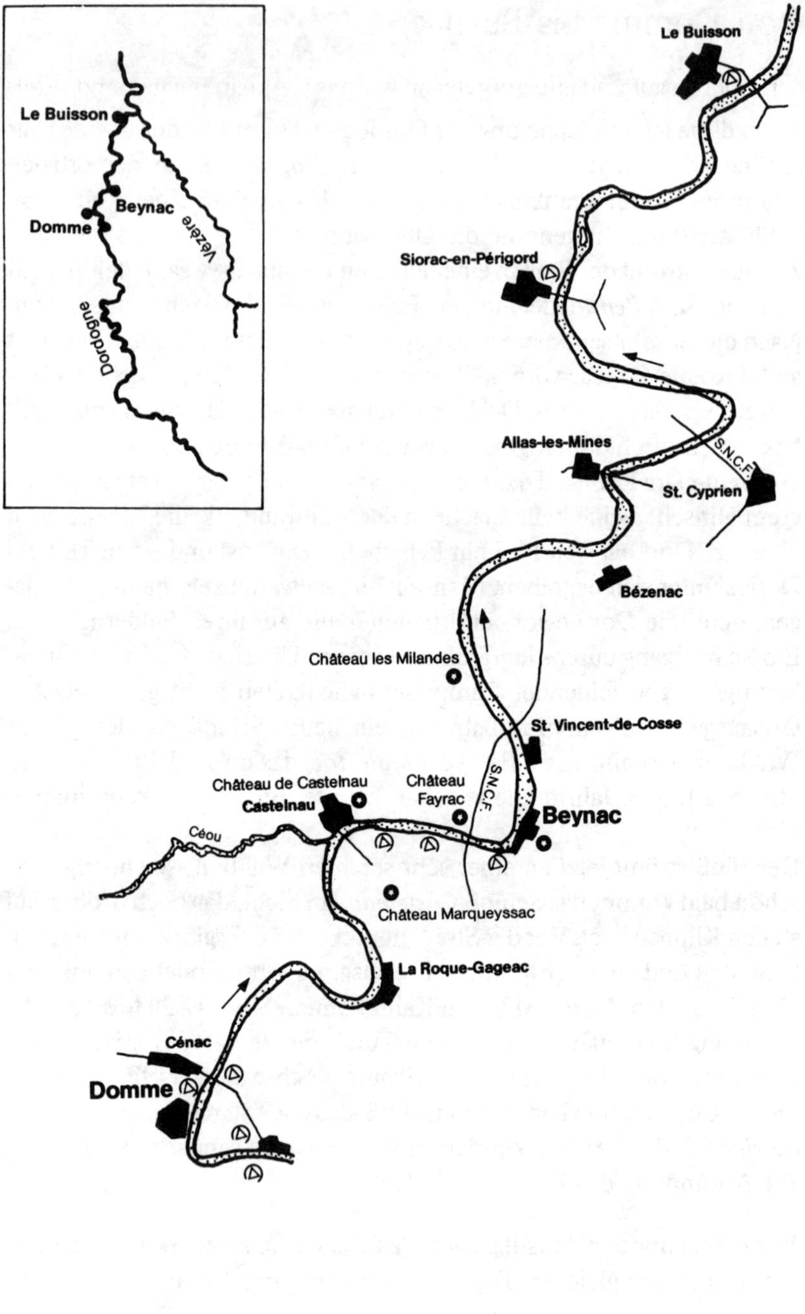
Le Buisson
Beynac
Domme
Vézère
Dordogne
Le Buisson
Siorac-en-Périgord
Allas-les-Mines
S.N.C.F.
St. Cyprien
Bézenac
Château les Milandes
St. Vincent-de-Cosse
Château de Castelnau
Castelnau
Château
Fayrac
S.N.C.F.
Beynac
Céou
Château Marqueyssac
La Roque-Gageac
Cénac
Domme

chen, auf dem unsere Kanutour enden sollte. Von Castelnaud bis Beynac gibt es am rechten Ufer einige Campingplätze, die wir uns alle ansahen, aber so gut und günstig gelegen wie das Camp in Beynac sind sie alle nicht. Beynac wird wie La Roque-Gageac von einem steilen Felsen überragt, nur steht hier zusätzlich oben drauf die Ruine eines gewaltigen Schlosses, des *Château Beynac.* Dort, wo der Fluß rechts die Uferstraße berührt, liegt *Camping de Beynac*, ein idealer Platz zur Beendigung der Tour und ideal auch als Standquartier geeignet für einige Autotouren, die sich anschließen könnten. Wir lernten den Besitzer, Monsieur Lesure, als einen sehr sympathischen und hilfsbereiten Menschen kennen. Gleich neben dem Campinggelände ist eine kleine Familiengärtnerei, in der Sie immer frisches Gemüse über den Gartenzaun hinweg kaufen können. Im Dorf gibt es alle wichtigen Geschäfte und einige Restaurants und, was ganz wichtig ist: eine Bushaltestelle, um zum Auto nach Argentat zurückzufahren.
Doch vorerst hatten wir es nicht so eilig mit dem Herbeischaffen der Benzinkutsche. Nach einem ganz faulen Tag auf der „Bärenhaut" wollten wir endlich das tun, wozu wir uns bisher nicht oft genug aufgerafft hatten: mal kräftig zu wandern. Wir fanden zwei schöne Wege, von denen einer für eine Halbtags-, der andere für eine Ganztagstour geeignet ist (beide allerdings mit vielen Pausen durchsetzt). Die Halbtagstour führt hinauf zum Schloß Beynac und auf sehr schönen Umwegen wieder zurück zum Campingplatz. Die „große" Tour geht flußaufwärts nach Castelnaud, rauf zum Schloß, auf dem Bergrücken flußabwärts wieder zurück bis zum Märchenschloß Fayrac und von dort wieder zum Campingplatz zurück.
Wenn Sie zum Château Beynac hinauf wollen, sollten Sie an die Öffnungszeiten denken: von 10 bis 12 Uhr und von 14.30 bis 19 Uhr. Es lohnt sich auf jeden Fall, eine Führung durchs Schloß mitzumachen. Seit dem 13. Jahrhundert gibt es Überlieferungen zur Geschichte der Wehrburg, seit der Zeit also, als Beynac eine der vier Baronien des Périgord war. Besonders interessant ist es, daß im Hundertjährigen Krieg Beynac ein wichtiges Bollwerk gegen die Engländer war, die knapp 2 Kilometer gegenüber auf Castelnaud saßen. So hatten sich die Gegner ständig im Auge. Noch heute kann man Beynac als ein reinerhaltenes Beispiel für die Anlage hochmittelalterlicher Wehrburgen bezeichnen. Das wird Ihnen aber während der Führung noch viel besser erklärt, und

Sie dürfen dann auch bis auf die allerhöchsten Zinnen klettern, wo es einen fantastischen Blick ins Tal mit seinen drei berühmten Schlössern gibt: vorne rechts *Fayrac*, dahinter auf dem Bergrücken *Castelnaud* und schräg gegenüber von Castelnaud auf der anderen Flußseite das Château *Marqueyssac*.
Es ist sehr beruhigend, daß dieses herrliche Tal und seine Schlösser schon vor Jahren unter Denkmalschutz gestellt wurde. Seitdem darf dort nicht mehr gebaut werden. Bravo!
Nach der Besichtigung sind wir in Richtung Friedhof gelaufen, haben dort den Weg nach rechts genommen und folgten einem Schild mit der Aufschrift *Point de vue* (Aussichtspunkt) bis zu einem großen Christuskreuz. Auf einer Bank unterm Kreuz kann man in aller Beschaulichkeit noch einmal die Schönheit des Tales genießen, was bei der Schloßführung vielleicht nicht so gut möglich war. Wenn man vom Kreuz einige Meter den Weg wieder zurückgeht, taucht ein Schildchen auf: *Chemin piéton*(Fußweg). Es markiert den Anfang eines Fußweges, der durch einen urwaldähnlichen Wald allmählich bergab führt. Man kommt an einigen Grotten vorbei, in denen man sich ordentlich gruseln kann, und dann trifft der Weg irgendwann auf eine schmale Asphaltstraße. Rechts ist eine Steinmetzwerkstatt. Sollten Sie sich aber verlaufen haben, ist das weiter nicht schlimm, weil Sie im Prinzip immer nur hangabwärts laufen müssen, um diese Straße zu finden. Folgen Sie ihr talwärts, werden Sie bald wieder zurück in Beynac sein.
Natürlich kann man diese Wanderung auch andersherum machen. Das hat sogar den Vorteil, daß man zum Schloß hinauf nur eine relativ sanfte Steigung zu laufen hat. Startpunkt wäre in diesem Fall das Hotel am Ortseingang beim Campingplatz, und den Beginn des Pfades müßten Sie an der Steinmetzwerkstatt suchen. Die „große" Wanderung können Sie ebenfalls auf zwei verschiedene Arten beginnen. Entweder paddeln Sie vom Camping aus über den Fluß hinüber, lassen das Boot dort liegen und wandern über eine große Wiese in Richtung Château Fayrac, oder Sie laufen am Campingplatz entlang flußaufwärts. Dabei werden Sie nach einiger Zeit die Eisenbahnbrücke finden, die die Dordogne überquert. Auf dieser Brücke können Sie zum anderen Ufer hinüberlaufen, und ich drücke die Daumen, daß dann nicht gerade ein Zug angebraust kommt. Ich hab's mal beobachtet: Von ca. 11 bis 12 Uhr und von 13 bis 14 Uhr fuhren dort keine Züge. Auf den Gleisen geht es bis zu einem

kleinen unbeschrankten Bahnübergang und dann nach links auf einer Asphaltstraße am Friedhof entlang. In der Michelin-Karte ist diese Straße mit *D 53* bezeichnet.
Schon von dort aus gibt es einen Blick auf das imposante Schloß *Fayrac.* Wenn Sie sich mit Ihrer Kamera auf die Wiese rechts von der Straße stellen, haben Sie genau den Punkt erwischt, von dem aus Fayrac auf allen Postkarten abgebildet ist. Wir haben das zufällig beim Ansehen unserer Urlaubsdias entdeckt. Aber Fayrac soll auf dem Rückweg noch gründlicher „unter die Lupe" genommen werden. Jetzt geht's erst einmal flußaufwärts auf der D 53 bis *Castelnaud.* Die Straße ist angenehm zu laufen, hat kaum Steigungen, allerdings viele Mücken, denn links ist eine sumpfige Flußaue der Dordogne, das Brutrevier für die wilden *moustiques* (Mücken). Am Ortseingang steigt der Weg zum Schloß hinter dem ersten Haus rechts hoch und führt dann, wieder rechts, auf der *Rue médiévale* steil hoch in den Ortskern hinein. Das Dorf ist sehr pittoresk und wunderschön restauriert. Man sollte sich ein wenig darin „herumtreiben", um all die verborgenen hübschen Winkel zu finden. Über dem Dorf ragt mächtig die Ruine des Schlosses auf, an dem noch auf Jahre hinaus viel zu restaurieren ist. Außer der Terrasse ist noch nichts zu besichtigen, aber allein der Blick von dieser Terrasse ins weite Flußtal lohnt alle Mühen des Aufstiegs. Für den Rückweg müssen Sie zunächst bis zur Kirche im Dorf laufen, denn links hinter der Kirche beginnt schmal, unscheinbar und nicht gekennzeichnet ein Fußweg, der auf halber Bergeshöhe nach Fayrac zurückführt. Mit leichtem Gefälle verläuft der Weg durch einen wilden Wald, läßt hin und wieder einen Blick auf den Fluß zu, und ohne große Anstrengungen steht man plötzlich vor Fayrac, das für jeden Märchenfilm eine gute Kulisse abgäbe. Weil es in Privatbesitz ist, kann man es leider nicht besichtigen. In den Innenhof kann man aber hineinschauen, wenn das Haupttor mal gerade geöffnet ist, und schon dieser flüchtige Einblick läßt die gewaltige Größe der Anlage aus dem 15./16. Jahrhundert ahnen. Links vom Haupttor geht die Wanderung talwärts, und dann steht man wieder am kleinen Friedhof bei den Eisenbahnschienen.

Zurück zum Auto

Wir mußten unsere Dordogne-Tour in Beynac beenden, aber man kann ohne Probleme auch noch weiter bis *Le Buisson-de-Cadouin* paddeln. Das dauert einen oder zwei Tage. Wer nicht „wild“ campen möchte, findet auf etwa halber Strecke einen guten Campingplatz in *Siorac-en-Périgord.* Gleich hinter der Brücke links ist dieser Camping Municipal. Oben auf der Brücke gibt es ein ausgezeichnetes 2-Sterne-Restaurant, und das Dorf Siorac mit seinen alten malerischen Häusern lohnt einen Spaziergang oder Einkaufsbummel.

In Le Buisson lädt *Camping Plage* am linken Ufer vor der Brücke zum endgültigen Beenden der Tour ein. Es ist ein sehr großer und komfortabler Platz, nahe am Ort und am Bahnhof, wo der Bus (Autocar) abfährt, den Sie für die Rückfahrt zu Ihrem Auto nehmen müssen.

Ganz Unverdrossene könnten noch ein kurzes Stück weiter bis zum Campingplatz bei *Limeuil* an der *Vézère*-Mündung paddeln, vielleicht, weil sie ein Besuch dieses wunderschönen mittelalterlichen Dorfes reizt. – Aber diese unentwegten Kanuten müßten die ca. 4 km von Limeuil bis Le Buisson zurückwandern, um den Busanschluß zu bekommen. Nach Limeuil beginnt schon der Rückstau des Wehrs bei *Mauzac-et-Grand-Castang*, wo es kaum noch geeignete Zeltmöglichkeiten gibt.

Ab Le Buisson können Sie einen großen Teil der Strecke bis Argentat mit Bus und Bahn zurückfahren, und das letzte Stück von etwa 35 km müssen Sie trampen. Einschließlich der Rückfahrt im eigenen Auto dauert das etwa 10 bis 12 Stunden.

In den topographischen Karten und in der Carte touristique schlängelt sich eine Bahnlinie genau passend für unsere Zwecke die Dordogne entlang. – Aber fallen Sie nicht darauf herein! Diese Bahnlinie existiert zwar theoretisch noch, aber die meisten der kleinen Bahnhöfe sind, wie das ja auch bei uns geschehen ist, stillgelegt worden. Deshalb müssen Sie jetzt auf dieser Strecke Autobusse benutzen. Trotzdem ist aber alles sehr einfach: Sie setzen sich um ca. 8.20 Uhr in Le Buisson (oder 8.54 in Beynac) in den Autocar S.N.C.F., steigen zweimal um (in Sarlat und Souillac), klettern etwa um 15.00 Uhr in St. Denis-les-Martel in einen Zug und stehen dann um 15.30 in Biar-sur-Cère am Straßenrand der D

940 nach Beaulieu und hoffen auf nette Autofahrer. Ein paar wichtige Tips:
Steigen Sie in *Sarlat* nicht schon an der ersten Haltestelle im Ort aus, sondern bleiben Sie sitzen, bis der Bus am Bahnhof ankommt (ca. 9.20 Uhr). Erst um ca. 11.05 Uhr geht's weiter; Zeit genug für einen Apéritif schräg gegenüber vom Bahnhof, wo ein Café/Restaurant auf die ersten Gäste wartet. Sie hätten aber auch Zeit genug für einen Spaziergang zur Altstadt. Der Weg dahin dauert etwa 10 Minuten. Auch in *Souillac*, wo Sie wieder umsteigen müssen, sollten Sie bis zum Bahnhof mitfahren. Die Wartezeit von etwa 50 Minuten ist zu kurz, als daß es sich lohnen würde, vorher auszusteigen, den Ortskern zu besichtigen und dann zum Bahnhof zu laufen. Auf dem Bahnhof in Souillac vergeht die Zeit aber schnell, denn es gibt dort allerhand zu sehen. Souillac ist schließlich eine „Drehscheibe des Tourismus" in dieser Region.
Der Bus nach *St. Denis-les-Martel* fährt etwa um 12.34 Uhr ab und kommt gegen 13.15 Uhr dort an. Der Autobusdienst endet in St. Denis. Erst 2 Stunden später kann man mit einem Zug weiterfahren bis *Biar-sur-Cère*, wo dann endgültig Schluß ist mit geeigneten öffentlichen Verkehrsmitteln. Sie müssen sich entscheiden, ob Sie so lange warten wollen oder ob Sie es schon hier mit dem Trampen ausprobieren. Die Chancen sind nicht schlecht, denn die wenigen Einheimischen, die hier zur Mittagszeit vorbeifahren, wissen genau, daß der nächste Zug erst gegen 15.00 Uhr fahren wird, und helfen deshalb gerne „sitzengebliebenen" Reisenden.
Ab Biar-sur-Cère geht es dann nicht mehr anders: Sie müssen trampen oder ein Leihfahrrad mieten. Fragen Sie ein bißchen herum nach „Location de Bicyclette". Wir haben es zwar selbst nicht mit dem Radeln ausprobiert, aber ich könnte mir vorstellen, daß die 35 km bis *Argentat* bei gutem Wetter ganz herrlich zu fahren sind, denn die Lanndschaft ist großartig, und die Steigungen sind nicht so gewaltig. Wenn Sie trampen wollen, ist es ratsam, die *D 940* ca. 1,5 km in Richtung *Beaulieu* zu gehen, bis die Bebauung an der Straße aufhört, denn bis dort ist links und rechts der Straße ein Wohn- und Industriegebiet, in das die meisten Autofahrer wollen, die fröhlich hupend oder bedauernd grinsend an Ihnen vorüberfahren.
Haben Sie dieses Stück erst einmal hinter sich, erledigt sich der Rest ziemlich schnell. Ein guter und erprobter Trick ist es, ein Paddel mit sich

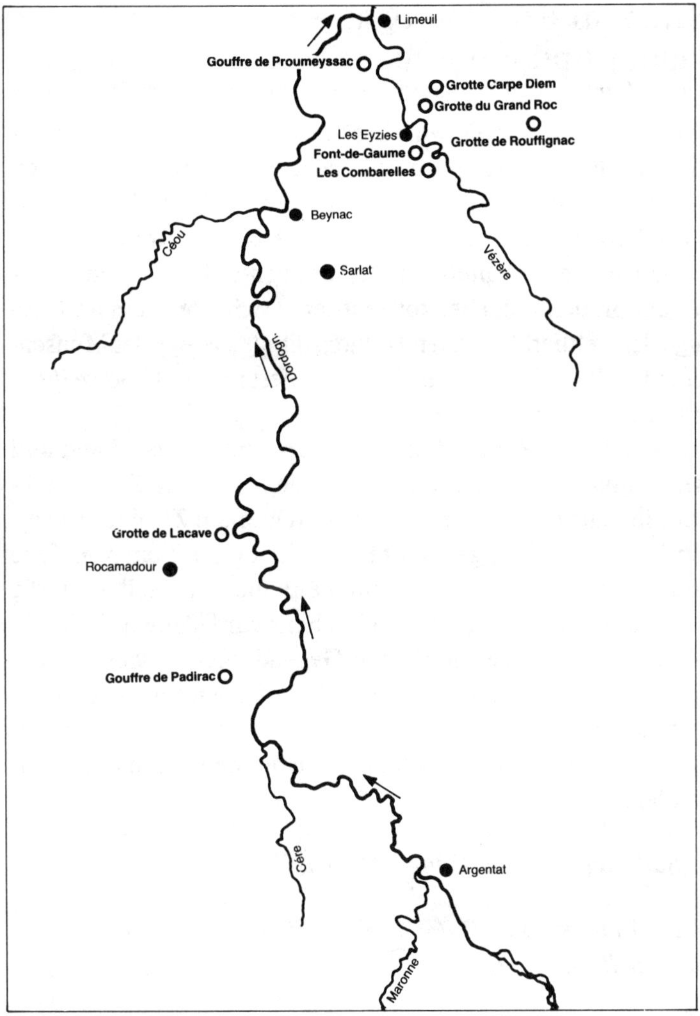

herumzutragen, denn dann weiß jeder sofort, daß Sie die „Tour de Dordogne" gemacht haben und nun flußaufwärts wollen. In dieser Gegend fahren die Leute, die ihr Auto nicht mit Urlaubsgepäck vollgestopft haben und Sie deshalb mitnehmen, von einem Dorf zum nächsten oder übernächsten. Es wäre deshalb unklug, solche kurzen Fahrten abzulehnen, in der Hoffnung, einen Wagen bis Argentat zu finden. Die Rückfahrt in Ihrem Wagen bis Le Buisson dauert etwa 3 Stunden.

Autotouren an der Dordogne – Rocamadour und Gouffre

Die Dordogne ist nicht nur ein wunderschöner Fluß für den Kanu-Urlaub, sondern sie fließt auch durch eine Landschaft, die mit Recht zu den beliebtesten Touristengebieten Frankreichs zählt. Was in jedem Jahr Tausende ins Périgord zieht, sind vor allem die Höhlen, Grotten und die teilweise originalgetreu erhaltenen mittelalterlichen Dörfer und Städtchen mit ihrem Brauchtum. Hier konzentrieren sich, vor allem im *Vézère-Tal*, einige der weltberühmtesten Höhlen, die als „Wiege der Menschheit" gelten, und allein das jährliche Folklore-Fest in Sarlat, die *Félibrée*, zieht Touristen aus aller Welt an.
Es wäre also schade, im Périgord mit dem Kanu unterwegs zu sein und an all diesen einmaligen Dingen vorbeizupaddeln! Da aber viele Attraktionen vom Fluß aus nur mit Umständen und großem Zeitaufwand erreichbar sind, ist es vernünftiger, dem Kanu-Urlaub noch ein paar Tage für Autotouren anzuhängen. Ich beschreibe in diesem Kapitel nur die wichtigsten und bekanntesten Orte und Sehenswürdigkeiten. In Wirklichkeit gibt es aber in dieser herrlichen Gegend noch so viele andere schöne Dinge „auf eigene Faust" zu entdecken, daß ein Buchkapitel dafür gar nicht ausreichen könnte. Als Hilfe beim Entdecken kleiner und großer Sehenswürdigkeiten habe ich zwei Bücher benutzt, die wirklich sehr empfehlenswert sind:

Frankreich Süd. Reihe: Blaue Führer. Molden Verlag.

Périgord und Atlantikküste. DuMont Kunst-Reiseführer. Von Thorsten Droste. DuMont Buchverlag.

Es ist eine gute Tagestour, von Le Buisson, Siorac oder Beynac aus die zwei international bekannten Attraktionen *Rocamadour* und *Gouffre de Padirac* zu besuchen. Wenn Sie die Höhlen von Lacave nicht schon während der Kanutour besichtigt haben, können Sie diese auch noch in die Tagestour einplanen, denn alles liegt dicht beisammen.
Am besten fährt man auf der *D 703* am linken Ufer flußaufwärts bis *Souillac*, von dort auf der schmalen *D 43* über *Pinsac* und *Mayraguet* nach *Lacave.*

Die Grottes de Lacave habe ich schon bei der Flußbeschreibung im Kapitel „Von Carrenac bis Pinsac“ erwähnt, darum gehe ich hier nicht noch einmal darauf ein. Weiter geht die Fahrt auf der *D 23* und *D 673* nach Rocamadour. Benutzen Sie bitte die erste Parkmöglichkeit, die Sie außerhalb des Ortes noch auf der Hochebene finden können, und fahren Sie auf keinen Fall in den Ort hinunter. Die einzige schmale Durchfahrtstraße ist dauernd verstopft; Sie würden nur helfen, das Chaos zu vergrößern, und einen Parkplatz finden Sie dort sowieso nicht! Dieser gute Rat wird umso wichtiger, je näher Ihr Urlaub an der Hauptsaison im Juli/August liegt. Rocamadour ist nun einmal als Wallfahrtsort ein Publikumsmagnet, was natürlich bei der Lage und Beschaffenheit des Dorfes auch einige Nachteile und Einschränkungen mit sich bringt. Es geht dort nämlich sehr eng zu, weil der Ort auf die steile Flanke eines hohen Felsens gebaut ist. Also drängen sich zwangsläufig die täglichen Heerscharen der gläubigen Wallfahrer und der weniger gläubigen Zaungäste an einigen wenigen Orten so sehr, daß es manchmal unangenehm wird. Trotzdem lohnt es sich, diesen Schwitzkasten zu ertragen, dessen Hauptstraße von Autos, Menschen und Kitschläden birst und der uns mit seinen endlosen Treppen die Wadenmuskeln martert. Versuchen Sie, das alles mit Gelassenheit zu nehmen, und Sie werden spüren, daß hier wieder einmal menschlicher Gottesglaube und die Macht der Kirche etwas Außergewöhnliches geschaffen haben: Rocamadour, diese mittelalterliche Anlage mit Schloß, Dorf und Heiligtümern in atemberaubender Lage an einer steilen Felswand.
Kommt man auf der D 673 an und hat bei *L'Hospitalet* glücklich einen Parkplatz gefunden, wird man zunächst zum Schloß gehen, das zwar nicht zu besichtigen ist, aber auf dessen Burgwällen Sie die beste Aussicht auf Rocamadour finden (leider gegen Eintritt).
Würden Sie vom Ort, von der Hauptstraße aus, aufsteigen, dann hätten Sie über 200 steile Treppenstufen vor sich, es sei denn, Sie würden den Aufzug benutzen, der Sie bequemer zur Kirche *Saint Sauveur* hinauffährt. Das eigentliche Heiligtum, dem die Wallfahrten gelten, ist die Muttergottes-Statue, die auf dem Altar der *Chapelle de la Vierge* (Marienkapelle) steht. Die „Notre Dame de Rocamadour“ ist eine mit Silber überzogene Holzstatue.
Der weitere Gang durch die Anlage aus Festungskirchen und Kapellen, durch finstere Gänge, Tunnels und über viele steile Treppen wird Sie an

weitere Kapellen, die Reliquien und das Grab des heiligen Amadour führen. Und wenn Sie das alles kennengelernt haben, sollten Sie noch etwas versuchen: ganz ruhig stehenbleiben, die Augen schließen und versuchen, sich vorzustellen, wie dieser Ort an einem Tag ohne Touristen wirken könnte.

Der Gouffre de Padirac

Auf der *D 637* von *L'Hospitalet* über *Alvignac* fährt man bis *Padirac* und folgt dann den Hinweisschildern zum Gouffre. In einer guten Saison folgen außer Ihnen noch weitere 300 000 Menschen diesen Schildern, denn so viele Besucher hat diese berühmteste Höhle Frankreichs jährlich.
Es ist wirklich ein einmaliges Erlebnis, am Rande des Gouffres zu stehen, eines Loches, das sich mit 30 Metern Durchmesser plötzlich im Felsgestein öffnet, und 75 Meter tief in den finsteren Schacht hinabzusehen. Der Sage nach ist dieses gigantische Loch durch einen Fußtritt des wütenden Teufels entstanden, der sich mit dem heiligen Martin gestritten hatte. Wahrscheinlicher ist es aber, daß in einer unterirdischen Felskaverne ein reißender Fluß einen Wirbel gebildet hatte, der mit urtümlicher Gewalt jahrtausendelang um sich selbst kreiste, bis er einen Schacht aus dem Kalkfelsen gespült hatte, dessen Decke einstürzte und den Blick von oben in den Schacht freigab.
Im Französischen werden solche kreisrunden Schächte, die vielerorts, allerdings sehr viel kleiner, im wasserführenden Kalkgebirge zu finden sind, „gouffre“ genannt.
Die Höhle ist von 9 bis 12 Uhr und von 14 bis 18 Uhr täglich geöffnet. Der Besuch dauert etwa 30 Minuten, und deshalb ist letzter Einlaß jeweils um 11.30 und 17.30 Uhr.

Zum Boden des Schachtes rattert man mit einem Aufzug und läuft dann einige hundert Meter durch einen schummrigen Gang bis zu einem unterirdischen Fluß. Und nun beginnt eine Kahnfahrt durch die Unterwelt, die wohl niemand vergißt, der sie mitgemacht hat. Der Fluß zwängt sich etwa 1 Kilometer durch einen wenige Meter breiten Felsspalt, dessen Höhe manchmal nicht mehr erkennbar ist. Die Strecke ist zwar elektrisch beleuchtet, aber alles macht einen völlig irrealen Eindruck. Die Wassertiefe ist nicht abschätzbar, weil das Wasser extrem durchsichtig ist. Man fühlt sich frei schwebend und verliert den sicheren Boden der gewohnten alltäglichen Sinneseindrücke. Das geschieht aber nur dann, wenn Sie einen schweigsamen Fährmann und ruhige Mitfahrer erwischt haben. Normalerweise sind die Sinneseindrücke bei dieser Kahnfahrt nämlich sehr gewohnt und alltäglich, denn die Fährleute konkurrieren miteinander im lautstarken Erzählen humorvoller Anekdoten von menschenfressenden Höhlenmolchen, die sich über Fahrgäste stürzen, die allzu heftig mit dem Kahn schaukeln, während die Fahrgäste sich abmühen, den Kahn möglichst lebensgefährlich ins Schaukeln zu bringen. Man kennt das ja: Wenn einer durch den dunklen Wald geht und Angst hat, fängt er an zu pfeifen und herumzualbern!

Wenn die Boote im *Grand Dôme* (Großer Saal) angekommen sind, kehrt sowieso wieder ehrfürchtige Ruhe ein, denn dieser unterirdische Saal, dessen Kuppel sich 90 Meter hoch wölbt, ist ein solches Naturwunder, daß auch den übermütigsten Kommentatoren zunächst einmal der Atem stockt. Nun beginnt eine Führung durch die Tropfstein-Wunderwelt mit mächtigen Säulen aus Stalagmiten und Stalagtiten, vorbei an den wunderlichsten Tropfsteingebilden und kristallklaren unterirdischen Seen.

Die Rückfahrt über den Zauberfluß verläuft meistens sehr viel stiller als die Hinfahrt. – Wen wundert's? Wenn Sie noch genug Zeit übrig haben, kann ich Ihnen empfehlen, nicht auf der D 673 zurückzufahren, sondern die Gelegenheit zu nutzen, über die Kalkstein-Hochebene der *Causse de Gramat* nach *Carrenac* zu fahren. Das ist eine landschaftlich einzigartige Strecke, die sicherlich viele deutsche Touristen an die Karl-May-Filme erinnern wird. Die Route wählt man am besten nach der Regel: Je kleiner die Straße in der *Carte touristique Nr. 48* eingezeichnet ist, desto besser! Sie werden ein wildes, heißes, ungeheuer karges Land kennenlernen. In dieser Causse de Gramat möchte man alles sein, nur nicht Bauer. Versuchen Sie doch einmal, diese Route zu finden: *Gouffre de Padirac – Salvage – Mas de Figeac – Bagues – Patan – Mansergues – Jouan lou Pastre – Carrenac.* Es lohnt sich, selbst wenn Sie sich Carrenac nicht noch einmal ansehen wollen. Haben Sie es allerdings beim Flußabwärtsfahren noch nicht besichtigt, sollten Sie das jetzt unbedingt tun, denn es ist eines der reizvollsten Dörfer am ganzen Dordognelauf. Auch die an-

schließende Fahrt flußabwärts auf dem linken Ufer (*D 43*) über *Floirac* und *Foussac* bis zum Anschluß an die *N 140* nach *Martel* lohnt den kleinen Umweg wegen ihrer landschaftlichen Schönheit. Höhepunkt dieser Strecke: *Belvédère de Copeyre* (Aussichtspunkt bei Copeyre). Ich wünsche Ihnen von ganzem Herzen, daß Sie dort zur Zeit des Sonnenunterganges ankommen.
Die Rückfahrt zum Campingplatz geht über *Martel* und *Souillac* und dann über die *D 703* an der Dordogne entlang recht schnell, und Sie werden dabei viele Stellen, die Sie bei der Kanutour gut kennengelernt hatten, aus einer anderen, interessanten, manchmal sogar aus der „Vogel"-Perspektive sehen und mit Freuden wiedererkennen.

Es gibt in Frankreich (außer Carcassonne vielleicht) keine Stadt, die ihr mittelalterliches Erbe so gut erhalten hat wie Sarlat. Grund dafür ist, daß die Stadt, die zunächst Bischofssitz war, seit dem 17. Jahrhundert immer mehr in provinzielle Bedeutungslosigkeit abglitt und schließlich so verarmt war, daß seit etwa dem 19. Jahrhundert kaum noch neue Häuser und Straßen gebaut wurden, und auch zum Um-oder Ausbauen der alten Häuser fehlte das Geld. So schlief die Stadt einen Dornröschenschlaf, bis Frankreich 1962 ein neues, großzügiges Denkmalpflege-Gesetz bekam und Sarlat nun in über zehnjähriger Arbeit restauriert werden konnte. Das Ergebnis dieser großen Anstrengung führte zur Wiedererschaffung des ganzen Altstadtbereiches. Kein Wunder, daß Sarlat vom Tourismus entdeckt wurde, so daß ab etwa 1975, dem europäischen Denkmaljahr, in dem viel über die Stadt berichtet wurde, jährlich Hunderttausende Sarlat besuchen. Besonders der östliche Teil der Altstadt, der inzwischen fast ganz restauriert ist, lädt zum Bummeln und Schauen ein. Der westliche Teil hat als Wohnstadt nicht so viele bedeutende historische Bauwerke, wurde nicht so umfassend saniert und zeigt daher an vielen Stellen noch gut, wie Sarlat zu Beginn der Restaurierungen vielleicht überall ausgesehen hat.

Beim Bummeln durch diese Gäßchen wird man auch einige Blicke in Höfe und Hinterhöfe werfen können, und dabei wird einem deutlich, unter welch einfachen Bedingungen sich das Alltagsleben in solchen alten Städten abgespielt hat. Die durchsanierten Viertel der östlichen Altstadt lassen das nicht mehr so gut erkennen.

Vielleicht gelingt es Ihnen, unter den schattigen Bäumen der *Place de la Grande-Rigaudie* einen Parkplatz zu bekommen, was in der Vorsaison gut möglich ist. Von dort aus liegt die Altstadt rechts und links der *Rue de la Répubique* direkt vor Ihnen. Diese Straße, von den Einheimischen einfach la Traverse (Durchfahrt) genannt, wurde leider ohne Rücksicht auf das gewachsene Stadtbild im 19. Jahrhundert schnurgerade quer durch die alte Stadt gebaut. Mein Vorschlag für einen Rundgang durch Sarlat erfaßt nur die wichtigsten Stationen, und ich empfehle Ihnen, sich einen deutschsprachigen Führer durch die Stadt zu kaufen, wenn Sie auch die vielen kleinen versteckten Kostbarkeiten finden oder sich historisches Hintergrundwissen verschaffen wollen.

RIGORD

Etwa in der Mitte der Place de la Grande-Rigaudie öffnet sich die Häuserzeile für die schmale *Rue Tourny*, die Sie zur *Place du Peyrou* führt, dem engen Platz vor der *Kathedrale St. Sacerdos*, der Ausgangspunkt aller Sarlat-Rundgänge ist. Wenn Sie sich nicht einer Stadtführung anschließen wollen (das Büro des Verkehrsvereins ist gegenüber der Kathedrale), empfiehlt sich folgendes Programm:
St. Sacerdos – Ancien évêché (Ehemaliger Bischofspalast) – Cour des Fontaines (Brunnenhof) – Cour des Chanoines (Hof der Kanoniker) – Lanterne des Morts (Totenlaterne) – Rue Montaigne, Rue Salamandre – Hôtel de Ville (Rathaus) – Place de la Liberté – Place du marché aux oies (Gänsemarkt) – Hôtel de Malville (Stadtpalais der Familie Malville) – Maison de la Boétie (Geburtshaus des Schriftstellers und Politikers La Boétie).
Der Besuch Sarlats lohnt nicht nur wegen seines Stadtbildes, sondern auch wegen der vielen Veranstaltungen, die hier im Sommer stattfinden.

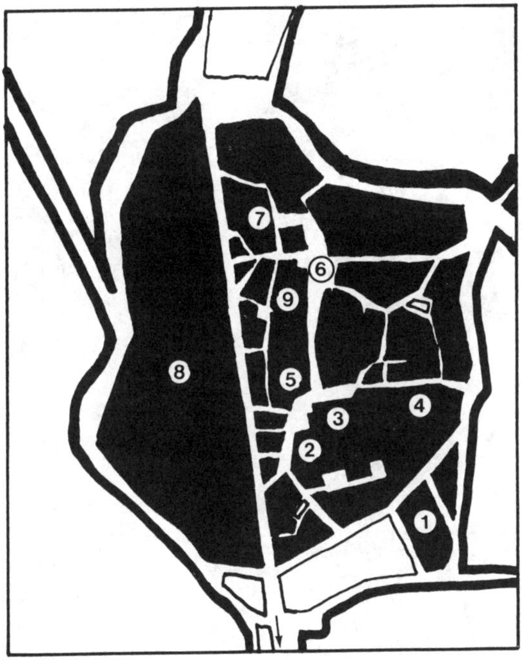

Sarlat

1 Justizpalast
2 Bischofspalast
3 Kirche St. Sacerdos
4 Totenlaterne
5 Geburtshaus von la Boétie
6 Place de la Liberté
7 Gänsemarkt
8 Westliche Stadtteile
9 Hôtel de Malville

Das beginnt schon mit den samstäglichen Märkten auf der Place de la Liberté und Place du marché aux oies, welche die Verbundenheit dieser Provinzstadt mit ihrem bäuerlichen Umfeld auch noch in den heutigen „modernen“ Zeiten dokumentieren. Hier treffen Sie noch die okzitanischen Typen der Périgordins, denen ihr romanischer Ursprung anzusehen und anzuhören ist, wenn sie sich in ihrem okzitanischen Ursprungsdialekt unterhalten, den auch Franzosen nicht verstehen.
Wenn auf diesen Wochenmärkten nur hin und wieder eine Tracht zu sehen und manchmal okzitanische Klänge zu hören sind, so gibt es aber in jedem Jahr Ende Juni ein Ereignis, das das gesamte Périgord in Aufregung versetzt: *La Félibrée*, das Folklorefest des Périgord. An diesem Tag kommen bis zu 60 000 Menschen nach Sarlat, um mit den Einwohnern zusammen ein Fest zu feiern, das leidenschaftliches Eintreten für den Erhalt der eigenständischen okzitanischen Sprache und Kultur ausdrükken will. Für Traditionspflege (manche Franzosen bezeichnen das auch als „Separatismus“) wird im Périgord sehr viel getan, und die Félibrée ist der jährliche Höhepunkt dieses Bemühens. Ganz Sarlat ist dann Kulisse für dieses Fest, eine Kulisse, wie sie passender gar nicht sein könnte. Ziele und Programm der Félibrée sind genau festgelegt und blieben seit über 60 Jahren unverändert. Die Übersetzung eines Zeitungsartikels, den ich 1982 am Vortag der Félibrée las, gibt das vielleicht am besten wieder:
„In der schönsten Kulisse, die man sich im Périgord vorstellen kann, nämlich in den alten Vierteln von Sarlat, wird am Sonntag zum 62sten Mal das größte Ereignis an der Dordogne, das Ereignis, das alle Leute auf die Beine bringt, stattfinden: die Félibrée!
Organisiert und geplant von der Traditionsvereinigung des Périgord, wird dieses Fest, obwohl es wie immer genau nach seinem ursprünglichen Ritual ablaufen wird, sich doch von dem des vergangenen Jahres unterscheiden. Das ist Ehrensache für die Bewohner Sarlats, und es ist wohl sicher, daß auch die traumhaften Gassen und Plätze der Hauptstadt des Périgord Noir ihre wichtige Rolle beim Gelingen des Festes spielen werden, das morgen, zwei Stunden nach Sonnenaufgang, beginnen wird.
Das Programm wird wie in jedem Jahr völlig unverändert ablaufen, um die Beständigkeit dieses fast schon mystischen Stammestreffens der Périgordins zu unterstreichen. Sarlat wird seinen Beitrag dazu leisten, daß

daraus auch ein Augenschmaus wird, ganz abgesehen von den Köstlichkeiten der Küche des Périgord, die wir bereitstellen wollen.
Die Place Royale, die Rue de la Liberté und viele andere Straßen und Plätze werden mit unzähligen Papierblumen geschmückt sein, mit Lilienbannern, die im Winde flattern. Und an den Straßenecken und auf den kleinen Plätzen werden Handwerker ihre traditionellen Künste zeigen, so daß die Gassen mittelalterliches Leben und Treiben widerspiegeln. Die Stadt wird gefüllt sein mit Périgordins in ihren alten Trachten, denn für sie ist dieses Fest eigentlich bestimmt. Wer als Tourist das alles morgen sehen wird, kann kaum ahnen, wieviel Gemeinsinn und gemeinsame Arbeit der Bürger von Sarlat und ihrer Freunde hinter dem Zauber des Festes verborgen ist. Sie werden nur den äußeren Glanz als schön empfinden. Um das eigentliche Wesen der Félibrée voll und ganz zu erleben, muß man wohl ein echter Périgordin sein . . ."

Ins Tal der Vézère

Mindestens zwei Tage braucht man, um sich auch nur ein wenig mit dem Tal der Vézère und seiner prähistorischen Bedeutung zu befassen. Es ist kaum übertrieben, es als „Wiege der Menschheit" zu bezeichnen, denn dort gibt es die weltberühmten Höhlen, aus denen die ältesten Menschheitszeugnisse stammen. Vor allem aber auch die Höhlen, in denen die vollendeten Zeugnisse prähistorischer Kunst entdeckt wurden. Die Vézère selbst ist ein herrlicher Wanderfluß, auf dem man beliebige Tages-Kanuwanderungen unternehmen kann, der aber auch für einen ganzen Kanu-Urlaub hervorragend geeignet ist.
Da ich beabsichtige, die Vézère und ihr Tal mit seinen Dörfern und den prähistorischen Fundstätten in einem anderen Band der Reihe „Kanuwandern in Europa" zu beschreiben, und dafür auch wirklich ein ganzes Buch nötig ist, sind die folgenden Tips für Autoausflüge etwas knapp gehalten. Vor Ort können Sie sich leicht weitere Informationen durch deutschsprachige Prospekte besorgen.

Limeuil

Am Zusammenfluß von Vézère und Dordogne liegt das Dorf Limeuil hoch oben auf einem Felsrücken. Man sieht ihm von unten aus dem Flußtal nicht an, wie romantisch verwinkelt und versponnen es ist. Allein schon wegen des Blicks über die beiden Flußtäler lohnt es sich, hinaufzufahren. Limeuil ist einer jener Plätze, die man im Urlaub findet und an denen man zwangsläufig über sein bisheriges hektisches Leben nachzudenken beginnt. Wo man sich am liebsten ansiedeln würde, wenn . . .?!

Gouffre de Proumeyssac

Abseits von der D 31 E liegt etwas versteckt im Wald ein gouffre, der Ihnen nicht zuletzt wegen eines theatralisch inszenierten Beleuchtungseffekts des Höhlenführers unvergeßlich bleiben wird. Immer, wenn sich ein Grüppchen von Besuchern am Eingang gesammelt hat, wird es etwa 100 Meter durch einen künstlichen Stollen schräg hinunter in den Berg geführt. Der Weg endet vor einem hüfthohen Geländer, hinter dem alles in völliger Dunkelheit liegt. Es wirkt so, als ob hier eine Tür oder Mauer den Stollen versperren würde. Nun schaltet der Höhlenführer plötzlich die Beleuchtung ein, und dann . . ., ja dann werden Sie etwas Phantastisches erleben, das ich Ihnen aber leider nicht verraten kann, weil Sie sonst nur noch den halben Spaß an der Höhlenbesichtigung hätten.
Die Höhle ist täglich geöffnet von 8 bis 12 Uhr und von 14 bis 19 Uhr.

Les Eyzies

Das kleine Dorf am Vézère-Ufer darf sich mit Recht „Hauptstadt der Prähistorie“ nennen, denn es liegt zentral im Gebiet der großen berühmten Höhlen, und es hat in seinem Museum die wohl umfangreichste Sammlung der Welt an prähistorischen Funden. Bevor man sich also den Höhlenbesichtigungen zuwendet, kann man sich in Les Eyzies sachkundig machen. Das *Musée nationale préhistorique* ist dienstags geschlossen, an allen anderen Tagen aber geöffnet von 9 bis 12 Uhr und von 14 bis 18 Uhr. Sonntags zahlen Sie den halben Eintritt.

Font-de-Gaume

Diese Höhle, ganz nahe bei Les Eyzies, wird neben den Grotten von Lascaux und Altamira (Spanien) zu den schönsten Höhlen überhaupt gezählt, weil sie eine enorme Fülle farbiger Wandmalereien und Felsritzungen aufweist. Die Bilder, von denen die meisten um etwa 15 000 v. Chr. entstanden sind, werden durch die vielen Besucher stark gefährdet, die Luftfeuchtigkeit, Sauerstoffgehalt und Lufttemperatur beeinflussen, und man hat deshalb die Höchstzahl der Besucher pro Tag auf 700 Personen begrenzt. Ist diese Zahl erreicht, wird die Höhle jeweils geschlossen.
Geöffnet ist sie vom 1.4. bis 30.9. ab 9 bis 12 Uhr (letzter Einlaß: 11 Uhr) und von 14 bis 18 Uhr (Einlaß bis 17 Uhr). Dienstags ist die Höhle geschlossen. Die Führung dauert etwa 30 Minuten.

Les Combarelles

Nahe bei Font-de-Gaume liegt Les Combarelles, eine Höhle, die aus zwei engen Gängen besteht, die ängstlichen Gemütern Schauder einflößen können, denn sie sind nur sehr spärlich beleuchtet, und der Höhlenführer schaltet vor und hinter der Besuchergruppe jeweils das Licht sofort wieder ab. Dafür ist diese Höhle aber voller wunderbarer Felsritzungen, die man oft erst mit Hilfe der Taschenlampe und der Erläuterungen des Führers entdeckt, weil sie in den verschiedenen Menschheitsepochen einfach über die schon vorhandenen Zeichnungen gearbeitet wurden. Es gibt keine andere Höhle mit so vielen herrlichen Tierdarstellungen.
Die Öffnungszeiten entsprechen denen von Font-de-Gaume. Die Führung dauert etwa 45 Minuten, und es ist ratsam, die Eintrittskarten etwa 10 Minuten vor Beginn der Führungen zu kaufen.

Grotte du Grand Roc

Keine prähistorische Wohn- oder Kultstätte, aber trotzdem in ihrer Art einmalig, ist die Grotte du Grand Roc bei Les Eyzies. Vor allem ihre *Excentriques* haben sie bekannt gemacht. Es sind in diesem Fall Sinternadeln („Mini-Stalagtiten“), die nicht, wie in allen anderen Höhlen üblich,

senkrecht von der Decke nach unten wachsen, sondern sich in den bizarrsten, jedem Naturgesetz spottenden Formen an der Decke und nach unten ausbreiten: schräg nach unten, waagerecht seitlich, rechtwinklig um die Ecke und dann gar wieder nach oben zur Decke. Ein Phänomen, dessen Ursachen bis heute noch nicht wissenschaftlich aufgedeckt wurden.
Geöffnet ist die Grotte von 9 bis 12 Uhr und von 14 bis 18 Uhr. Im Juli und August bis 18.30 Uhr.

Grotte Carpe Diem

Diese Grotte birgt unzählige wunderschöne Stalagtiten und eine raffinierte Beleuchtung. Die Besichtigung ist auf jeden Fall lohnend. Öffnungszeiten: 9 bis 12 Uhr und 14 bis 18 Uhr. Vom 1. November bis 28. Februar ist die Höhle geschlossen.

Grotte de Rouffignac

Der Besuch von Rouffignac beeindruckt vor allem durch die ungeheure Größe der Höhle mit einem sehr verzweigten System von Haupt- und Nebengängen, von denen ein etwa 2 Kilometer langer Abschnitt besichtigt werden kann. Mit kleinen Elektrozügen werden die Touristen zu den wichtigsten Höhlenmalereien gefahren, und man erfährt vom Fremdenführer allerhand Mutmaßungen über den kultischen Sinn der Malereien und Ritzungen und über die Herstellungsverfahren. Es sind aber nicht nur die Zeugen prähistorischer Kunst, die dem Besucher imponieren; fast genauso haben mich die Zeugen prähistorischen Tierlebens erregt, die besonders im Eingangsbereich der Höhle Boden und Felswände bedecken. Am Boden sind es Mulden von einigen Metern Durchmesser, eine neben der anderen, und an den Wänden sind es Kratzer wie von gewaltigen Schwerthieben: In den Mulden haben Höhlenbären geschlafen, die Kratzer an den Wänden sind Spuren ihrer Krallen, die sie dort regelmäßig schärften, bevor sie versuchten, einen prähistorischen Jäger und Höhlenmaler damit zu zerreißen.
Rouiffgnac ist vom 16. September bis zum 30. Juni täglich von 10 bis 11.30 und von 14 bis 17 Uhr geöffnet. Ab 1. Juli bis 15. September wird schon um 9 Uhr geöffnet und erst um 18 Uhr geschlossen. Die Fahrt im Elektrozug dauert etwa 1 Stunde.

Tips für Kanuwanderer

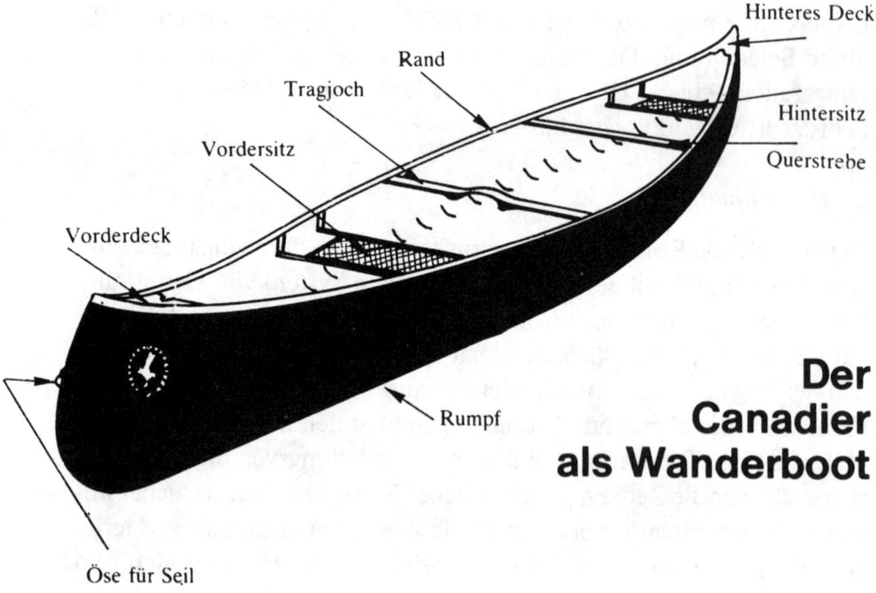

Der Canadier als Wanderboot

In jedem Band der Reihe „Kanuwandern in Europa" finden Sie neue Tips für die Praxis des Kanuwanderns, z.B.: „Die richtige Ausrüstung" (Band: Gardasee); „Verhalten in der freien Natur" (Band: Die Loire); „Der Kanadier als Wanderboot" (Band: Dordogne) u.s.w.

Foto: Old Town-Kanadier

Kanadier, typische Familienboote

15. September wird schon um 9 Uhr geöffnet und erst um 18 Uhr geschlossen. Die Fahrt im Elektrozug dauert etwa 1 Stunde.

Kanu oder Kanadier?

Wer häufig mit Paddlern zu tun hat und sie nach den Vor- und Nachteilen der verschiedenen Bootstypen fragt, wird bald merken, daß die Zunft in einige Lager gegespalten ist, die jeweils auf „ihr" Boot schwören. Und jeder weiß sofort ein Dutzend Gründe dafür, daß sein bevorzugter Bootstyp der beste ist. Ja, man könnte sogar eine regelrechte Charakterkunde der Kanuten aus den von ihnen favorisierten Booten ableiten. Das ist wie bei den Motorradfahrern: bei denen unterscheidet sich der „Guzzi-Typ" ganz erheblich vom „BMW-Typ". Und das Lustige dabei ist, daß sie alle recht haben; natürlich jeder für sich selbst und seine speziellen Interessen am Kanufahren. Wer sich gerne im Wildwasser tummelt, kann mit einem offenen Kanadier wenig anfangen, und wer die Binsenbummelei auf ruhigen Gewässern liebt, würde in einem Wildwasserboot verzweifeln. Woraus sich die schlichte Lehre ziehen läßt, daß der Bootstyp vom Einsatzzweck abhängt. Diese Lehre ist nun aber wirklich schlicht, weil sie den Faktor „Liebe" nicht berücksichtigt. Ich meine damit, daß gegen alle Vernunft viele Kanuten eine heimliche Liebe zu ihrem Boot hegen und deswegen eigentlich doch den „falschen" Bootstyp fahren. Die Gründe dafür sind wie bei allen verliebten Leuten schwer herauszufinden. Vielleicht, weil das Boot so schön rot ist, weil man's schon zwanzigmal geflickt hat, weil man den ersten Ausflug mit Sylvie darin gemacht hat? - Ist ja auch egal, wichtig ist eigentlich nur, daß man sich in seinem Boot wohlfühlt, denn schließlich ist es ein Gefährt für erholsame Entspannung und Freizeit.

So, und nun kommt mein persönliches Bekenntnis: ich fühle mich im Kanadier am wohlsten. Aber nur auf Flüssen und ruhigen Seen, denn dort kann man es sich in einem offenen Kanadier so richtig gutgehen lassen.

Punktum! Was es sonst noch zum Kanadier als Wanderboot zu sagen gibt, will ich kompetenteren Leuten überlassen. Den folgenden Text und einige Abbildungen haben wir deshalb aus der Broschüre „Der richtige Kanadier für mich" übernommen.

Bezug der Broschüre und weitere Informationen über Kanadier durch: Firma Old Town Kanu. Generalvertretung für Europa c/o Gerodur AG, CH-8717 Benken im Linthgebiet.

Lieber Freund des Wassersports!

Für die meisten Leute ist das größte Problem beim Kanadierpaddeln (Indianer-Kanu) der Kauf des richtigen Bootes. Der Grund liegt bei der Vielfalt der Rumpfformen, den Materialien und der qualitativen Verarbeitung. Alle diese Faktoren miteinander kombiniert, lassen fast unendlich viele Möglichkeiten im Kanadier-Bau zu. Jede dieser Möglichkeiten läßt ein Boot mit einem speziellen „Charakter" entstehen.
Es scheint, daß nur wenige Kanuten die Prinzipien des Kanadier-Baus kennen. Offensichtlich gibt es aber auch noch Kanadier-Konstrukteure und -Hersteller, die noch nie einen Kanadier gepaddelt haben.
Der Kauf eines Kanadiers ist, wenn Sie es richtig machen, eine Investition fürs Leben. Wählen Sie darum sorgfältig, damit Sie später keine Enttäuschung erleben. Entscheiden Sie sich für den Kanadier, von dem Sie wirklich überzeugt sind. Sie sollen ja mit Ihrem Kanadier zufrieden sein.

Was Sie mit einem guten Kanadier alles unternehmen können

Nicht jeder Boots-Typ ist für jeden Zweck gleich gut geeignet. Es kommt also auf das Material und die Konstruktion an. Ein Kanadier-Hersteller sollte ein größeres Sortiment von verschiedenen Boots-Typen und entsprechendem Zubehör anbieten. Nur dann haben Sie die Gewähr, „Ihren" Kanadier zu finden.
Grundsätzlich werden „offene Kanadier" auf Seen und ruhig fließendem Gewässer gepaddelt. Offene Kanadier sind Boote ohne festes Oberdeck. Es gibt für anspruchsvolles Wildwasser auch Kanadier in „geschlossener" Form, bei denen die Fahrer in Sitzluken Platz finden. Wenn Sie auch schwierige Gewässer befahren möchten, sollten Sie dies schon beim Kauf berücksichtigen. Ein guter offener Kanadier verkraftet immerhin mehr Wildwasser als allgemein bekannt ist.
Mit offenen Kanadiern können Sie alleine, zu zweit (meist üblich) oder mit der ganzen Familie paddeln. Dies ist wiederum von der Konstruktion abhängig. Die Zuladung bei einem guten 5,2 m langen und 37 kg leichten Kanadier kann bis zu einer halben Tonne betragen (bei 15 cm Freibord). Dies ist vor allem bei Wanderfahrten mit Gepäck oder für's Wildwasser wichtig. Es sind auch Kanadier erhältlich, die später noch mit einer Besegelung, mit Rudersitz oder sogar mit einer Motorenhalterung versehen werden können.
Bei Wanderfahrten werden Kanadier auch „zweckentfremdet". So z. B. als Schlafplatz, oder im Winter sogar als Schlitten.
Eine sehr angenehme Sache ist es auch, daß die meisten Kanadier leicht sind. In der Regel wiegen sie etwa zwischen 14 und 37 kg. Sie benötigen also keinen teuren Bootsanlegeplatz und können Ihren Kanadier zuhause aufbewahren, z. B. in der Garage. Sie können das Boot auch bequem auf dem Autodach transportieren und natürlich in jedes Gewässer einsetzen. Mit ein wenig Phantasie sind Ihnen und Ihrem Kanadier fast keine Grenzen gesetzt.

Was müssen Sie bei der Bootswahl beachten?

Jetzt müssen Sie „nur noch" das richtige Boot für sich wählen. Am einfachsten geht das, wenn Sie einige Fragen beantworten.

Personen & Gepäck

Verwende ich den Kanadier für:
- ein Kind
- eine erwachsene Person
- eine erwachsene Person und Gepäck
- zwei Kinder
- zwei erwachsene Personen
- zwei erwachsene Personen und Gepäck
- zwei erwachsene Personen und ein Kind
- zwei erwachsene Personen und zwei Kinder
- zwei erwachsene Personen, zwei Kinder und Gepäck

Gewässer

Verwende ich den Kanadier
- ausschließlich auf Seen
- Seen und ruhig fließende Gewässer
- Seen und Wildwasser
- nur Wildwasser

Zweck

Verwende ich den Kanadier
- als Spaß- und Plausch-Boot in Ufernähe
- als Dingy
- als Wander- und Expeditionsboot
- als Fischerboot
- als Campingzubehör zum „Überall mithinnehmen"
- als Fitness- und Sportgerät
- als „Segelboot"
- als Ruderboot
- als Motorboot

Sie kennen nun Ihre Anforderungen an Ihren Kanadier. Auf den folgenden Seiten können Sie sich ein Bild von Ihrem zukünftigen Boot machen.

Drei grundsätzliche Faktoren unterscheiden einen Kanadier, der Ihre Anforderungen erfüllt, von einer „Badewanne":

1. Die Form
2. Das Material
3. Die Qualität

Die Form eines Kanadiers wird beurteilt nach dem
– **Widerstand beim Paddeln**
– **der Stabilität**
– **Manövrierbarkeit**
– **der Zuladung**

Widerstand beim Paddeln

Faustregel: Je länger und je schlanker ein Kanadier gebaut ist, um so schneller, und vom Kraftaufwand her leichter, ist er zu paddeln.

Die Länge und Breite beziehen sich auf den Teil des Kanadiers, der im Wasser liegt.

Sehr wichtig sind auch die Winkel am Anfang (Bug) und Ende (Heck) des Kanadiers. Wenn ein Kanadier schon kurz nach den Spitzen breit wird, müssen Sie beim Paddeln mehr arbeiten als bei einem Boot, das nur langsam breiter wird. Kurze Kanadier benötigen einen breiten Bug und ein breites Heck, um die nötige Zuladung tragen zu können.

Die folgenden Längenangaben sind grobe Richtwerte und sollen im Zusammenhang mit den anderen wichtigen Faktoren betrachtet werden:

bis 4,2 m Länge
- 1 Erwachsener und wenig Gepäck
- 2 Kinder
- nur für einfache Gewässer

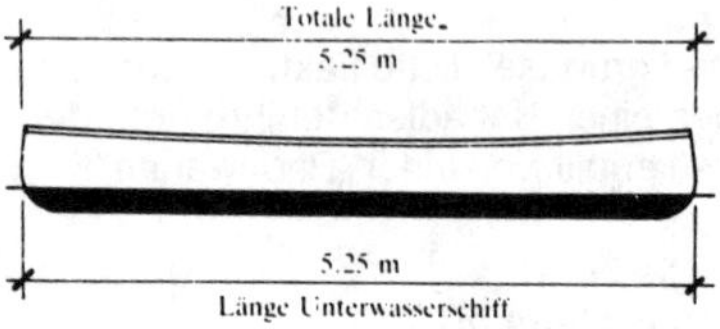

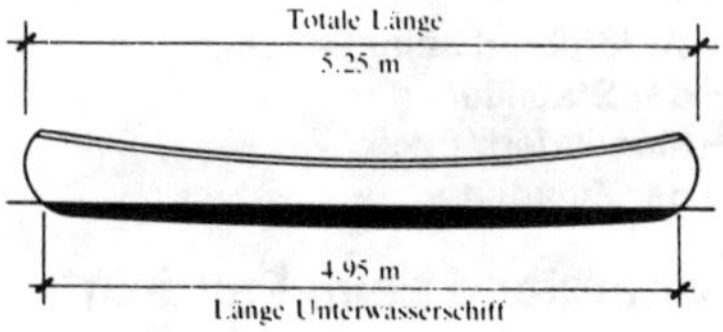

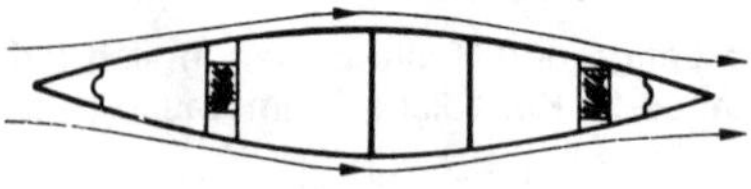

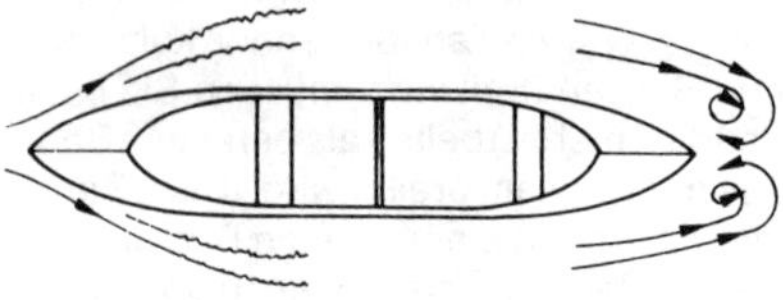

bis 4,6 m Länge
- Minimallänge für 2 Erwachsene ohne Gepäck
- 2 Kinder
- langsames Boot, nur einfache Gewässer (ohne Spritzdecke)

4,8 – 5,0 m Länge
- Komfortable Länge für 2 Erwachsene und Gepäck
- 2 Erwachsene und 1–2 Kinder
- evtl. auch für 2 Personen, begrenzt wildwassertauglich

bis 5,2 m Länge
- ideale Länge für 2 Erwachsene mit viel Gepäck für Wanderfahrten
- wildwassertauglich auch mit Gepäck
- schnelle See-Kanadier
- 2 Erwachsene und 2–3 Kinder
- auch für Fischen, Segeln und mit Motor geeignet
- bei geeigneter Konstruktion auch beliebte Länge für Solofahrten. Viel Auftrieb und gute Richtungsstabilität

ab 5,5 m
- Diese Länge ist in Europa wenig gefragt, weil die Boote dieser Länge zum Transportieren zu sperrig werden und das Gewicht 40kg in der Regel übersteigt.
- schnelle Seekanadier mit viel Zuladung

Stabilität

Beim Kanadier ist es ähnlich wie beim Fahrrad, Skifahren oder Surfen. Dem Anfänger erscheint jeder Kanadier wackelig, bis er das Gefühl für sein neues Boot gefunden hat. Es ist aber viel einfacher als z. B. Fahrradfahren.
Die Stabilität wird beim Kanadier vor allem durch den Querschnitt und die Breite des Bootes beeinflußt. Der Querschnitt beeinflußt aber auch den Widerstand beim

		Länge	Breite	Gewicht	Tragfähigkeit		
Yoho I		4,20 m	0,80 m	ca. 23 kg	ca. 200 kg		
Yoho I		4,20 m	0,70 m	ca. 23 kg	ca. 200 kg		
Yoho I		4,20 m	0,80 m	ca. 23 kg	ca. 200 kg		
Yoho II		4,55 m	0,80 m	ca. 28 kg	ca. 260 kg		
Yoho II		4,55 m	0,80 m	ca. 28 kg	ca. 260 kg		
Yoho III		4,90 m	0,90 m	ca. 34 kg	ca. 350 kg		
Mohawk 470		4,70 m	0,90 m	ca. 32 kg	ca. 350 kg		
Mohawk 500		5,00 m	0,80 m	ca. 36 kg	ca. 325 kg		
Mohawk 520		5,25 m	0,85 m	ca. 38 kg	ca. 400 kg		
Cherokee 500	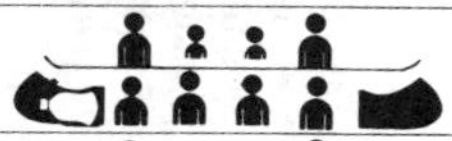	5,00 m	0,95 m	ca. 40 kg	ca. 425 kg		
Cherokee 550		5,50 m	0,95 m	ca. 44 kg	ca. 450 kg		
Oldtimer		5,27 m	0,87 m	ca. 38 kg	ca. 400 kg		

Paddeln, wie schon angemerkt. Breite Boote sind langsamer beim Paddeln, liegen aber viel stabiler.

Richtlinien für die Breite eines Kanadiers

unter 82 cm = enger Kanadier
90 cm = übliche Boots-Breite
über 95 cm = breiter Kanadier

Man unterscheidet zwischen:

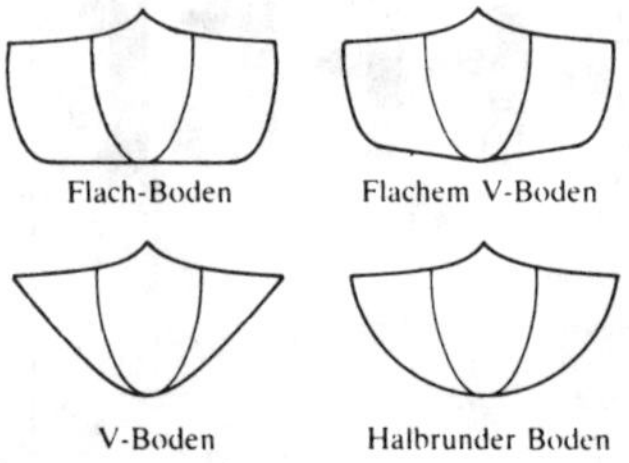

Die meisten Kanadier sind ein Kompromiß aus Flach-Boden und leichtem V-förmigem Boden.

Flacher Boden
Ein Kanadier mit breitem Bootskörper, flachem Boden und hohen Seitenwänden ist geräumig und hat einen hohen Auftrieb. In der Normallage ist das Boot sehr stabil. Bei sehr starker Verkantung (Schräglage) nimmt die Stabilität sehr schnell ab und der Kenterpunkt wird rasch erreicht. Wegen des geringen Querwiderstands ist die

◁
Die Zusammenhänge zwischen Bootslänge und Tragfähigkeit kann man gut am Bootsprogramm der Firma Gatz erkennen.

Manövrierbarkeit im Wildwasser und in Querströmungen gut. Auf Seen hingegen ist ein flacher Boden weniger richtungsstabil.

Flacher V-Boden
Es ist die ideale Form für Seekanadier. Die Richtungsstabilität ist sehr gut. Sie benötigen keinen Kiel, um richtungsstabil geradeaus zu gleiten. Diese Form verleiht dem Boden eine bessere Festigkeit als ein flacher Boden. Auch gibt es weniger Wasserwiderstand als beim flachen Boden. Hingegen ist ein solches Boot nicht sehr wendig, weniger geeignet für bewegtes Wasser und wackeliger als eines mit flachem Boden.

V-förmiger Boden
Diese Konstruktionsform ist bei offenen Kanadiern nicht üblich; Renn-Kanadier werden so gebaut. Diese Form ist in Normallage sehr kipplig. Der Bootskörper liegt tief im Wasser und hat einen hohen Querwiderstand. Das Boot ist nicht sehr drehfreudig, aber um so richtungsstabiler beim Geradeausfahren.

Halbrundform
Auch diese Form ist nicht üblich bei offenen Kanadiern. Solch ein Boot hat in allen Lagen eine geringe Stabilität. Boote mit Halbrundquerschnitt liegen tief im Wasser. Sonst gilt in etwa das Gleiche wie beim V-förmigen Querschnitt.

Es gibt eine **Faustregel für den Querschnitt:** Wenn Sie nur auf Seen paddeln wollen, wählen Sie einen Kanadier, der einen leicht runden, bzw. V-förmigen Querschnitt hat. Ein solcher Kanadier darf auch einen Kiel haben.
Wenn Sie aber auch bewegtes Wasser fahren möchten, wählen Sie einen Kanadier mit relativ flachem Boden.
Achtung: dabei auf keinen Fall einen Kiel!

Foto: Gatz-Bootsbau

Einer-Kanadier

Manövrierbarkeit

Die Manövrierbarkeit hängt von der Unterwasserlänge, dem Querschnitt des Unterschiffs und der Kiellinie ab.

Faustregel: Ein Kanadier ist um so wendiger, je kürzer er ist, je flacher der Boden und je stärker die Kiellinie nach oben gebogen ist (das nennt man den „Kielsprung").

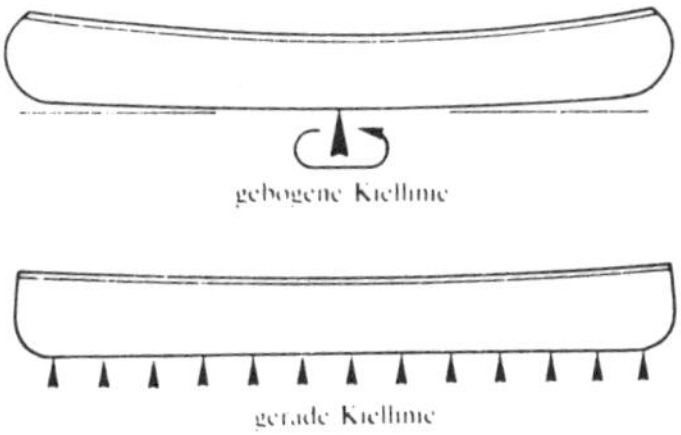

Kiel und Kiellinie

Kiel: Ein Kanadier sollte nur dann einen Kiel haben, wenn er ausschließlich auf Seen verwendet wird. Auf bewegtem Wasser beeinträchtigt der Kiel ganz erheblich die Manövrierbarkeit. Ein anderer großer Nachteil ist, daß der Kanadier allzu leicht an Unterwasserhindernissen hängenbleibt und umkippt. Wenn ein Kanadier einen Kiel braucht, um gut geradeaus zu fahren, ist er sowieso falsch konstruiert. Etliche Hersteller können trotzdem nicht auf einen Kiel verzichten. Er ist das Rückgrat des Bootes und gibt dem Rumpf die nötige Steifheit. Vorteile des Kiels sind der zusätzliche Schutz des Bodens (besonders beim Kanadier aus Holz), ein guter Geradeauslauf, geringere Seitenwindempfindlichkeit.

Kiellinie: Die Kiellinie verläuft von der vorderen Spitze zur hinteren Spitze des Kanadiers.

Ein großer Familien-Kanadier

Ein Kanadier mit gestreckter Kiellinie hält seinen Kurs besser als ein Kanadier mit hochgezogenen Enden.
Dafür ist der Kanadier mit gebogener Kiellinie besser zu manövrieren, er „dreht" besser.

Faustregel: Ein Seekanadier sollte eine flache Kiellinie und ein langes Unterwasserschiff aufweisen.
Für bewegtes Wasser ist eine leicht gebogene Kiellinie und ein kürzeres Unterwasserschiff besser.

Zuladung

Die Zuladung hängt von der Verdrängung ab. Diese ist wieder abhängig von der Länge, Breite und Höhe (Seitenwand) des Bootes. Ein vollgeladener Kanadier sollte an der tiefsten Stelle (Seitenwand) 15 cm aus dem Wasser schauen. Verlangen Sie vom Hersteller die Angabe der Zuladung bei 15 cm Freibord.
Richtlinie für die Seitenwandhöhe:
Die minimale Seitenwandhöhe für einen Kanadier sollte etwa 30 cm betragen. Solche Boote sind nur für Seen geeignet. Für bewegtes Wasser sollte die Seitenwandhöhe mindestens 34 cm betragen. Eine hohe Seitenwand ist auch ideal, wenn mit dem Kanadier gesegelt werden soll, oder wenn mit dem Boot auch bei hohem Seegang gepaddelt wird.
Faustregel: Zuladung für 2 Erwachsene für See-Kanadier: 300–400 kg (inklusive Paddler)
Zuladung für 2 Erwachsene für Wildwasser: 400–500 kg (inklusive Paddler)
Ein Nachteil bei einer hohen Seitenwand ist die Seitenwindempfindlichkeit. Darum sollte ein Seekanadier eher flach gebaut sein.

Foto: Old Town-Kanadier

Kanadier müssen nicht unbedingt hochgezogene Spitzen haben.

Spitzen: Die hochgezogenen Spitzen an offenen Kanadiern können sehr elegant und originell aussehen. Der praktische Nutzen von hochgezogenen Spitzen ist aber gering. Die Spitzen verhindern kaum das Eindringen von Wasser. Bei extremen Wellen tritt das Wasser im mittleren Drittel des Kanadiers ein. Nachteilig bei hohen Spitzen ist die zusätzliche Angriffsfläche für den Wind, die Sichtbehinderung beim Autofahren und das zusätzliche Gewicht des Bootes.

Natürlich gäbe es noch viel zu schreiben und zu diskutieren über Boots-Formen im Kanadier-Bau. Wenn Sie dieses Grundwissen über die Kanadier-Formen haben, kann Ihnen beim Kauf Ihres Kanadiers nicht mehr viel passieren. Am besten verlangen Sie von Ihrem Händler außerdem, daß Sie den gewünschten Kanadier probepaddeln dürfen. ort muß das Boot „Farbe bekennen".

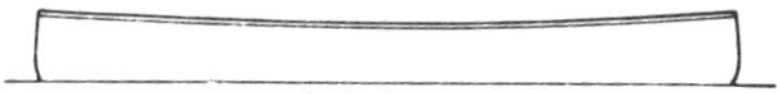

flache Spitzen

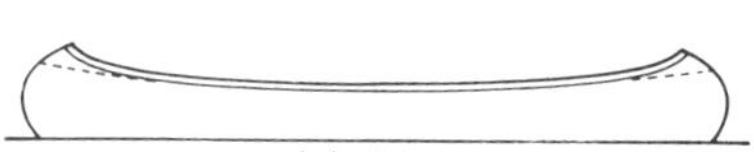

hohe Spitzen

Foto: Old Town-Kanadi-

Holzkanadier sind wunderschöne Boote.

Das Material und die Qualität

Die „Lebensdauer" Ihres Bootes hängt entscheidend vom Material und der Verarbeitungs-Qualität ab.
Die richtige Materialwahl erfordert umfangreiche Sachkenntnisse. Sowohl der Laie wie auch der Fachmann haben kaum die Möglichkeit, sich in allen Materialien für den Kanadierbau auszukennen.

Holz

Vor ca. 2000 Jahren wurden von den Indianern Nordamerikas die offenen Kanadier erfunden. Bis ins letzte Jahrhundert wurden die schnellen Boote aus einem Holzgerüst, das mit Birkenrinde überzogen wurde, hergestellt. Um 1880 wurde in Old Town von den Old Town-Indianern das erste Mal die Birkenrinde durch Segeltuch ersetzt. Ebenso lösten Messingbeschläge die natürlichen Verbindungen (Tiersehnen, Schnur) ab. Um die Kanadier abzudichten, wurden sie mit Ölfarbe gestrichen. Heute gibt es nur noch wenige Hersteller von Holz-Kanadiern. Der bekannteste und älteste in den USA und in Kanada ist Old Town. Heutzutage werden Holz-Kanadier von Old Town mit mindestens zwei durchsichtigen Fiberglasgeweben überzogen. Die rote kalifornische Zedernplankung bleibt dadurch völlig sichtbar.

Der glasfaserverstärkte Kunststoff-Überzug schützt den Kanadier weitgehend vor Beschädigung, und somit ist nur noch eine minimale Wartung nötig.
Zwei grundsätzliche Bauarten existieren beim Holz-Kanadier:
Die traditionelle, wo eine Beplankung über die Rippen genagelt wird; und die Zederstreifenmethode. Die Zederstreifenmethode wird hauptsächlich von Heimwerkern angewendet. Dabei werden über Schablonen schmale Zedernlättchen aneinandergeleimt und schließlich mit durchsichtigem GFK überzogen.

Vorteile von Holz-Kanadiern: Holz ist ein bewährtes Baumaterial. Es existieren noch über 80-jährige Holz-Kanadier. Gepflegte Holz-Kanadier nehmen an Wert zu. Kanadier aus Holz sind schön im ästhetischen Sinn. Holz läßt sich in alle möglichen Formen verwandeln. Holz-Kanadier sind genauso leicht wie die aus anderen Materialien. Holz ist leise (schallschlukkend) im Wasser, steif, braucht keine zusätzlichen Auftriebskörper, hat eine natürliche Elastizität, isoliert die Kälte, erhitzt sich kaum an der Sonne, fühlt sich warm an.

Nachteile von Holz: Holz-Kanadier kosten mehr, sind aber den Preis wert. Allerdings gibt es nur noch wenige Hersteller von Holz-Kanadiern. Sie sind also schwer erhältlich. Sie sollten trocken gelagert werden. Außerdem erfordern sie mehr Pflege als ein Metall- oder Kunststoff-Kanadier. Natürlich sollten sie nicht auf Wildwasser benutzt werden.

Für Ästheten und Liebhaber gibt es nur ein Material: Holz.
In jedem Kanadier steckt ein kleines Stück Naturwunder. Beim Holz-Kanadier ist alles ein Wunder und das ist, was den Besitzer eines solchen Bootes begeistert.

Aluminium

Bis zum Aufkommen von Aluminium war Holz das einzige Kanu-Baumaterial. Nach dem zweiten Weltkrieg wurden von Grumann (Flugzeugfabrik in den USA) zum ersten Mal Kanadier aus Aluminium hergestellt. Der Preisunterschied und die Wartungsfreundlichkeit im Vergleich zu Holz-Kanadiern war so gut, daß die Nachteile des Aluminiums nicht ins Gewicht fielen. Denn es gibt einige Nachteile. Aluminium und Aluminium ist noch lange nicht dasselbe. Es sollte nur gehärtetes Flugzeugaluminium verwendet werden. Sonst ist das Material zu weich und Sie bekommen ständig schwarze Hände und Kleider. Salzwasser würde das Aluminium nach kurzer Zeit zerfressen. Das Blech muß genügend dick sein. Renn-Kanadier haben oft nur noch 0,8 mm Wandstärke. Sie sind dafür um so leichter. Dann sollten die Nieten so eng wie möglich angeordnet sein, (max. 15 mm Abstand) sonst lösen sich die Aluminiumplatten bei einer starken Grundberührung, und Sie können Ihren Kanadier kaum wieder abdichten. Die Nieten an der Außenhaut sollten versenkt sein. Auf die Verbindungen und Versteifungen muß besonders geachtet werden.

Vorteile von Aluminium: Das „silberne" Aussehen bei einem neuen Kanadier ist recht attraktiv. Das Aluminium erfordert keine Pflege. Kleine Beschädigungen können mit „dem Hammer" repariert werden. Bei dünnem Blech ist Aluminium relativ leicht.

Nachteile von Aluminium: Das „silberne" Aussehen wird mit der Zeit grau. Aluminium leitet die Kälte des Wassers, und Sie bekommen leicht kalte Füße. Ebenso werden von der Sonne beschienene Flächen sehr heiß. Aluminium-Kanadier sind auf dem Wasser auffällig laut und scheppern bei Grundberührungen wie eine Werkzeugkiste. Mit der Zeit verbeulen leichte Grundberührungen den ganzen Rumpf.

Der Kanadier verliert dabei seine Fahreigenschaften. Die Enden müssen relativ breit gebaut werden, um Platz für die Nieten zu erhalten. Das ergibt einen größeren Wasserwiderstand. Unter den Sitzen und dem Deck sowie bei den Nieten weisen Aluminium-Kanadier oft scharfe Kanten auf. Von der Konstruktion her benötigen Aluminium-Kanadier einen Kiel. Er ist das Rückgrat des Bootes.

GFK
(Glasfaser verstärkter Kunststoff)

GFK wird im Volksmund auch Fiberglas oder Polyester genannt. Um ein GFK-Teil herzustellen, müssen zwei verschiedene Materialien miteinander verbunden werden. Das eine Material ist die Matte oder das Gewebe. Das andere Material der Gießharz. Bei Matten, Gewebe und Gießharzen existieren sehr viele verschiedene Arten und Qualitäten. Sie alle aufzuzählen, würde den Rahmen dieser Einführung sprengen.

Es gibt zwei Fabrikationssysteme, um einen GFK-Kanadier herzustellen. Das eine ist das im Auflegeverfahren von Hand, wobei eine Matte oder ein Gewebe nach dem anderen einlaminiert wird. Das ande-

GFK-Kanadier eignen sich gut für Wildflüsse

Foto: Gatz-Bootsbau

re ist das Spritzpistolenverfahren, bei dem mit Harz getränkte Fiberglasteile in die Form gespritzt werden. Aber: Hände weg von solchen Booten! Sie sind viel brüchiger als mit Gewebe hergestellte Kanadier.

Jeder Hersteller verwendet andere Matten, Gewebe und Harze. Ebenso kann er die Festigkeit und das Gewicht des Bootes mit der Anzahl der Schichten beeinflussen. GFK als Kanadier-Baumaterial hat sich in all den Jahren gut bewährt. Das größte Problem ist aber immer noch die Qualität bei der Verarbeitung. Die Lebensdauer hängt vor allem davon ab, ob die Person, die das Boot gebaut hat, sorgfältig gearbeitet hat. Sie als Kunde können dies beim Kauf kaum beurteilen. Einige Tips möchten wir Ihnen trotzdem geben: Halten Sie sich an Hersteller mit einem guten Ruf, Qualitätsnamen oder eine bekannte Marke. Sehen Sie nach, ob der Kanadier sauber verarbeitet wurde. Z.B. ob es keine offenen und ausgefransten Kanten (innen) gibt.

Wenn Sie innen Gewebe erkennen können, besteht wenigstens eine Schicht aus Gewebe: das ist gut. Drücken Sie mit dem Daumen kräftig gegen die Außenhaut. Dabei dürfen keine feinen Risse entstehen, sonst ist die Feinschicht schlecht. Lassen Sie sich bei diesem Test nicht durch das Knacken stören. Ein gut gebauter Kanadier muß das aushalten; sonst wird er Sie bald einmal im Stich lassen.

Vorteile von GFK: Ein großer Vorteil von GFK ist die gute Formbarkeit. Man kann alle möglichen und unmöglichen Bootsrümpfe bauen. GFK ist relativ preisgünstig. Ein geschickter Heimwerker kann seinen Kanadier selber bauen. GFK benötigt fast keine Wartung. Das Boot kann auch unterwegs mit wenigen Mitteln repariert werden. GFK isoliert die Temperatur besser als Aluminium, beult nicht und ist hart.

Nachteile: Lebensdauer und Haltbarkeit sind stark von der Verarbeitung abhängig. Bei starken Schlägen löst sich der Harz vom Gewebe/Matten. Beim seitlichen Kentern an ein Hindernis im fließenden Gewässer kann ein GFK-Kanadier auseinanderbrechen. Reparaturen bleiben meistens ein Flickwerk. Ein robust gebauter GFK-Kanadier für Wildwasser wird relativ schwer. Wie Aluminium- sind GFK-Kanadier laut im Wasser und benötigen zusätzliche Auftriebskörper. Achten Sie darauf, daß Ihr Kanadier mit genügend großen Auftriebskörpern ausgerüstet ist. Sonst sinkt Ihr Boot bei einer Kenterung auf den Grund und ist verloren.

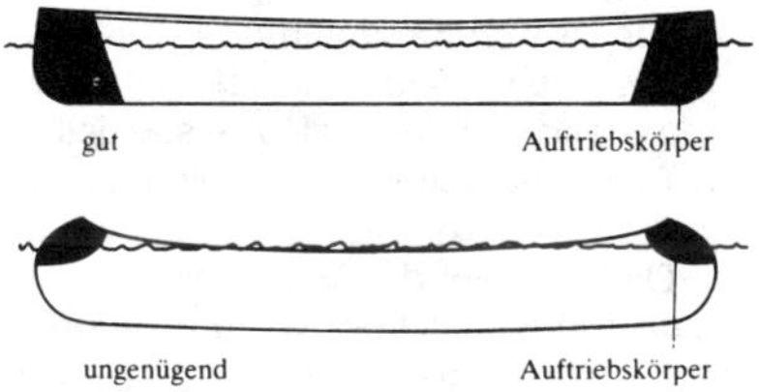

Kevlar 49

Kevlar 49 ist ein Material, das 1970 von Du Pont für Autoreifen entwickelt wurde. Kevlar ist ähnlich in der Verarbeitung wie z.B. Fiberglas. Sie können es leicht an seiner gold-gelben Farbe erkennen. Kevlar wird auch für kugelsichere Westen und für die Raumfahrt verwendet.

Vorteile von Kevlar: Kevlar ist ca. 10% bis 15% leichter und mindestens doppelt so zäh wie Fiberglas.

Nachteile: Kevlar ist ca. 6 mal teurer als Fiberglas. Die Verarbeitung ist viel schwieriger. Auch Reparaturen sind nicht so einfach wie mit anderen Materialien.

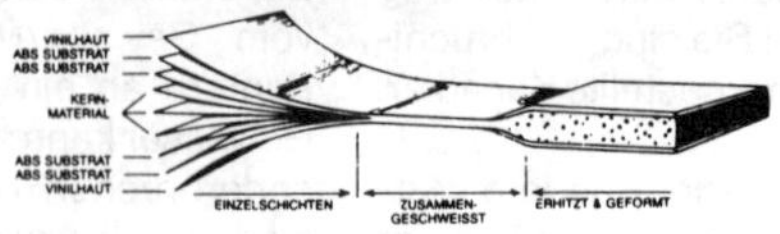

Oltonar
(Vinyl-ABS-Schaumlaminat)

1971 wurde von Old Town zum ersten Mal Oltonar für den Kanadierbau verwendet. Damit wurde ein neuer Markstein gesetzt. Oltonar wird von Uniroyal/USA speziell für Old Town hergestellt und ist eine besondere Ausführung von Royalex. Den Aufbau von Oltonar zeigt die Abb.: Links die einzelnen Schichten kurz vor der Bearbeitung / Mitte vor der Verformung / Rechts die fertige Rumpfwand.

Die äußere Schicht ist aus vernetztem Vinyl. Es schützt die nachfolgenden Kunststoffschichten vor starker Sonneneinstrahlung. Es ist zäher als normales Vinyl.

Die Originalfarbe des Kanadiers ist im Vinyl beigegeben. Als nächstes folgen die ABS- (Acryl-Butadien-Styrol) Schichten. Je nach Belastungspunkt des Kanadiers sind zwei bis sechs dieser ABS-Schichten eingebaut. ABS ist einer der zähesten Kunststoffe, die es gibt. Er wird z.B. für glenklose Scharniere verwendet und hält über 1 Mio. Knickungen aus. Dies ist auch der Grund, wieso die ABS-Schichten in 2—3 Schichten aufgeteilt sind. Es hat ein besseres „Rückerinnerungsvermögen" und höhere Flexibilität. (wie z.B. eine Blattfeder oder ein Pfeilbogen)

Es folgt ein PUR-Hartschaum. Der

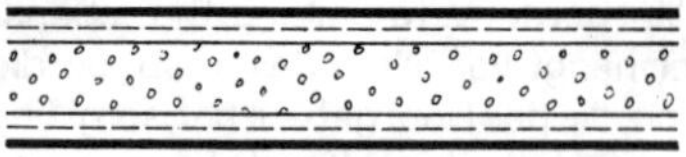

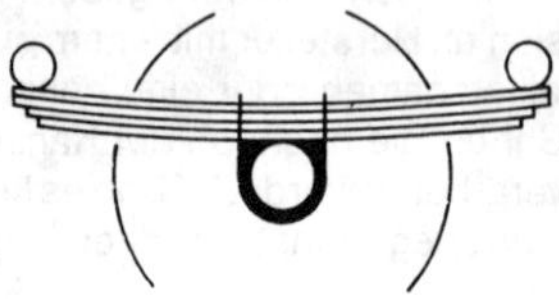

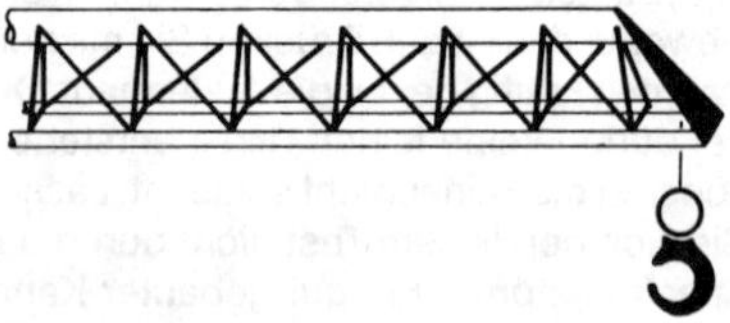

Schaum hat geschlossene Zellen und kann sich nicht mit Wasser vollsaugen. Der Kanadier ist damit unsinkbar. Diese Funktion ist vor allem wichtig für die Steifheit des Rumpfes (wie z.B. bei einem Kranarm).

Darum benötigen Kanadier aus Oltonar keinen Kiel und kein Stützgerippe. Es folgen dann nochmals 2—3 ABS-Schichten und die wiederum eingefärbte innere Vinylschicht.

Foto: Old Town-Kanadier

Kanadier für Wildwasser müssen extrem strapazierfähig sein.

Die Herstellung der Grundwerkstoffe und des Rumpfes ist relativ kompliziert und erfolgt auf recht teuren Maschinen. Ebenso werden nur die besten Materialien verwendet. Dieses Material ist im Test und in der Praxis überzeugend. Es wird bis heute von keinem anderen Material an Zähigkeit, Knickfestigkeit und Schlagunempfindlichkeit übertroffen.

Vorteile von Oltonar: Es ist extrem strapazierfähig. Kanadier aus Oltonar können wie eine Haarnadel völlig zusammengebogen und gedrückt werden, ohne zu brechen! Beschädigungen und Reparatusind selten. Unter Einwirkung von Wärme (Sonne oder Haartrockner) formt sich ein verbogener Kanadier in die ursprüngliche Form zurück. Der eingebaute Schaum isoliert vor kaltem Wasser und auch vor heißer Sonnenbestrahlung. Dank des flexiblen ABS und des PUR-Schaumkerns sind Oltonar-Kanadier im Wasser sehr leise.
Im Wildwasser rutschen diese Kanadier leichter über Hindernisse als steife Kanadier. Kleine Dellen arbeiten sich mit der Zeit von selbst aus, starke Dellen können z. B. mit einem Haartrockner repariert werden. Sollte wirklich einmal ein Riß oder ein Loch entstehen, kann der Schaden wie bei einem normalen GFK-Kanadier repariert werden. Oltonar ist ebenfalls wartungsfrei. Oltonar hat die vielen Vorteile von Holz, aber nicht die Nachteile.

Trotzdem hat Oltonar auch Nachteile: Die Oberfläche von Oltonar ist weicher als Aluminium oder GFK. Dafür beträgt die Wandstärke bis zu 10 mm. Dann kostet

Oltonar ca. 20% mehr als GFK. Dieser Nachteil zahlt sich aber durch die hohe Lebenserwartung aus. Die Boots-Spitzen können nicht ganz so messerscharf ausgeformt werden, wie es bei GFK möglich wäre. Jedoch nützen viele GFK-Kanadier-Hersteller diesen Vorteil nicht aus.

Polyäthylen
(Ram-X)

Dieses Material wird vor allem von Colemann verwendet. Der Rumpf wird ähnlich wie bei Oltonar im Vacuumverfahren hergestellt. Das ist aber auch schon die einzige Ähnlichkeit. Polyäthylen ist ein recht guter und preiswerter Werkstoff. In „Ram-X" wird aber kein Vinyl, ABS oder PUR-Schaum verwendet. Es ist eine einfache Polyäthylenplatte, ca. 3 – 5 mm dick, mit geringer Steifheit und Isolation. Ein Kanadier aus Ram-X benötigt ein Stützgerippe, das in die Polyäthylenhaut gespannt wird.

Vorteile von Polyäthylen: Preiswerter Grundwerkstoff. Sehr widerstandsfähig gegen Schläge (Ausnahme: das Aluminiumgerippe!). Es ist gut verformbar und wartungsfrei.

Nachteile: Es benötigt ein Stützgerippe, das in der Regel gegen Belastung nicht genügend Widerstand bietet. Polyäthylen isoliert schlecht gegen kaltes Wasser. Boote aus diesem Material können sehr schlecht repariert werden. Leimen ist unmöglich, nur Schweißen ist möglich. Das Material hat eine weiche Oberfläche und ist kratzempfindlich.

Tips für die Ausrüstung eines offenen Kanadiers
Von Peter Mayer

Will man mit einem Kanadier einmal auf größere Tour gehen, so sollte man zweckmäßig ausgerüstet sein. Eine richtig zusammengestellte Ausrüstung leistet einen erheblichen Beitrag zum Gelingen einer schönen Wandertour.
Als ich in diesem Jahr zusammen mit meinem Kameraden mehrere Wandertouren auf einsamen Flüssen und Seen in Finnland plante, galt es eine zweckmäßige Ausrüstung für unseren Kanadier und für uns selbst zusammenzustellen. Auch an unsere Sicherheit war zu denken, da wir mehrere Tage unterwegs sein wollten und dabei vom nächsten Dorf und der nächsten Landstraße zeitweise ziemlich weit entfernt waren. Doch nicht nur für größere Unternehmungen in der Einsamkeit, sondern auch für Ausflüge in der heimatlichen Umgebung sollte man zweckmäßig ausgerüstet sein.
Beim Kanadier ist es wichtig, daß er unsinkbar ist. „Kenterschläuche" oder Hohlräume, die nicht ausgeschäumt sind, eignen sich schlecht für den Kanadier (zu wenig sicher). Für das Treideln, Befestigen oder auch Bergen des Kanadiers werden ca. 25 m ø 8 mm Seil verwendet. Dieses wird auf Bug (ca. 10 m) und Heck (ca. 15 m) aufgeteilt. Eine längere Aufteilung des Seils hat den Vorteil, daß man mehr Spielraum beim Treideln oder Bergen hat, jedoch wird dann das Seil unhandlich. (Das Seil läßt sich am Abend auch als Wäschetrocknerleine verwenden). Der von den Kayakfahrern her bekannte Rettungssack hat auch im Kanadier (nur auf bewegtem Wasser) seine Berechtigung, wird doch der Kanadier nicht zu unrecht schwimmende Verpflegungs- und Rettungsinsel genannt.

- Mindestens ein Reservepaddel gehört in jeden Kanadier. Dieses wird an einer Querstrebe gut befestigt, damit es bei einer Kenterung sicher im Boot bleibt. Ein Paddel ist schnell verloren, (das Vorwärtskommen ohne Paddel ist sehr mühsam!).
- Nehmen Sie immer eine Schwimmweste pro Person mit an Bord. Auf dem See braucht diese nicht unbedingt angezogen werden, man befestigt sie daher an einer Querstrebe. Auf bewegtem Wasser sollte sie auf jeden Fall getragen werden.
- Sämtliche Gegenstände, die im Kanadier mitgenommen werden, müssen an einer Querstrebe angebunden werden, damit sie im Falle einer Kenterung nicht verloren gehen.
- Haben Sie ein GFK-Boot, so gehört ein GFK-Reparaturset ins Boot, um allfällige Reparaturen sofort ausführen zu können (z. B. in abgelegenen Gebieten).
- Eine Schöpfkelle, selbstverständlich mit Schnur zum Sichern, kann aus einer leeren Shampooflasche günstig selber hergestellt werden.
- Beschriften Sie Ihren Kanadier mit Ihrer Adresse und Telefonnummer. Die wasserfesten Adressetiketten können Sie evtl. bei Ihrer Verkaufsstelle beziehen.
- Sobald Sie Flußtouren machen, gehört zur Ausrüstung auch die Verpflegung. Auch wenn die Tour noch so kurz ist, sie ist immer unheimlich appetitanregend.
- Ebenso sollten bei Flußtouren immer regenfeste Kleider sowie ein Satz trokkener Kleider in einem wasserfesten Sack mitgenommen werden.
- Es gibt viele Arten von wasserdichten Behältern. Der billigste und sicherste Behälter ist der Kehrichtsack. Man legt z. B. die Kleider in einen Abfallsack, verschließt diesen gut. Über diesen Sack wird ein zweiter geschoben und ebenfalls gut zugeschnürt. Nun wird dieses „Paket" z. B. in den Rucksack gelegt, welcher den Sack vor Beschädigungen schützt.

Zusammenfassend ergibt sich folgende Checkliste:

- Seil 25 m, ø 8 mm (10 m Bug, 15 m Heck)
- Reservepaddel
- Schwimmweste pro Person
- Reparaturset (nur für GFK-Boot erforderlich)
- Schöpfkelle
- Regenfeste Kleidung
- Ersatzkleidung in wasserfestem Sack
- Verbandsmaterial-Set
- Mückenschutzmittel

Zusätzlich für Fluß- und Wildwassertouren:

- Neoprenanzug und Surfschuhe
- Knieschützer (Bodenleger-Knieschützer aus Gummi)
- Zeltplane über Gepäck

Für mehrtägige Touren in einsamen Gebieten empfiehlt sich natürlich u.a. noch Folgendes mitzunehmen:

- Gute Campingausrüstung, Verpflegung, Feuerzeug
- Kompaß
- Landkarte mind. 1:100000 in wasserdichter Hülle
- Für Tagesstrecken sollte ein Tragjoch im Kanadier eingebaut sein
- Rettungssack

Nach dieser Aufstellung rüsteten wir uns für die Finnlandfluß- und Seentour aus und erlebten unvergeßliche, herrliche Tage in der Einsamkeit.

GATZ-KANUS
Markenzeichen für Qualitäts-Canadier und Kajaks seit über 25 Jahren
Entdecken auch Sie die Faszination des Canadierfahrens!
Für jeden Einsatzbereich, ob gemütliche Seentour, Flußfahrt oder aktionsreiche Wildwassertour – vom Einer bis zum Mannschafts-canadier, haben wir das passende Boot für Sie.
Neu in unserer Palette ist der YOHO 470 in Polyethylen.
Der Canadier für extreme Beanspruchungen, Wildwasser und Verleih.
Bei uns finden Sie das gesamte Zubehör für den Kanusport – Direktversandservice.
Fordern Sie unseren neuen Katalog an oder besuchen Sie uns!
Arno Gatz · Berg. Gladbacher Str. 787 · 5000 Köln 80 · Tel. 0221-682300 · Fax 0221-6805231
Geschäftszeiten: Montag - Freitag 9 - 13 und 14 - 18 Uhr, Samstag 9 - 12 Uhr

Die Dordogne

Liebe Leserin,
lieber Leser,

wir freuen uns über Ihr Interesse am Kanusport, das Sie durch den Kauf dieses Dordogne-Führers gezeigt haben.

Wir möchten daher Ihr Interesse auch auf eine Mitgliedschaft im Deutschen Kanu-Verband (DKV) lenken. Der Deutsche Kanu-Verband ist in 14 Landesverbände gegliedert und repräsentiert über 90.000 Kanufahrer im Bundesgebiet, die meisten von ihnen Kanuwanderer. Sie können Mitglied werden in einem der rund 1.000 Kanuvereine oder Einzelmitglied in Ihrem regionalen Landsverband.

Der DKV vertritt die Interessen aller Kanuten. Er kämpft für die Erhaltung der natürlichen, möglichst unverbauten und sauberen Gewässer, organisiert Veranstaltungen und Schulungen, sorgt für die Verbesserung der Sicherheit bei Booten, Ausrüstung und auf den Wasserwegen, unterhält Heime und Zeltplätze, um nur einige wenige Punkte zu nennen.
Darüber hinaus gibt er eine Fülle von Informationsmaterialien heraus, und zu Beginn eines jeden Jahres erscheint das DKV-Sportprogramm mit allen wichtigen Wandersportveranstaltungen auf über 130 Seiten.

Für jeden Kanuwanderer unentbehrlich sind die Flußführer des DKV. Darin sind fast alle Kanusportgewässer im Bundesgebiet und alle wesentlichen in Europa möglichst exakt beschrieben. So ist z.B. 1986 die neu bearbeitete 5. Auflage des DKV-Auslandsführers, Band 3, Südfrankreich und Korsika, erschienen. Großer Beliebtheit erfreut sich auch die Verbandszeitschrift KANU-SPORT: Sie erscheint 14-tägig und bietet wichtige und aktuelle Informationen aus dem In- und Ausland, spannende Reisebeschreibungen und Unterhaltsames. Für weitere Auskünfte und Informationen steht Ihnen jederzeit zur Verfügung die Geschäftsstelle des Deutschen Kanu-Verbandes, Postfach 10 09 50, 4100 Duisburg 1, Tel.: 02 03/7 29 65/66.

In eigener Sache:

Detaillierte und aktuelle Hinweise in Reiseführern sind bekanntlich im Laufe der Zeit gewissen Schwankungen unterworfen.
Wir bemühen uns zwar nach Kräften, stets auf dem "neuesten Stand" zu sein, sind aber vor etwaigen Fehlern nicht gefeit.
Sollten Ihnen also "vor Ort" entscheidende Veränderungen oder sonstige Abweichungen von unseren Angaben auffallen, so schreiben Sie uns bitte. Verwertbare Informationen werden in den jeweiligen Neuauflagen berücksichtigt.
Sie helfen damit nicht nur uns sondern auch allen, die nach Ihnen mit gleichem Ferienziel verreisen.

Autoren für diese Reihen gesucht.